勇　敢‧用　桿
房地產快樂賺錢術

勇　敢·用　桿
房地產快樂賺錢術

勇敢・用桿

房地產
快樂賺錢術

銅板起家、房事煉金實錄

用桿！這是高雄人的口氣～

房地產賺錢，不是只能靠投機、
不光只有等增值……
曾經僅是銅板身價的低薪月光族，
現在卻成為日進斗金的地產新貴

**看房產奇子——慶仔Davis「銅板起家」
如何翻身成為今日南台灣的房事鬼才？**

**慶仔
Davis**

著

遠離大台北的房市紛擾 用南台灣的觀點 用不同的視野
腳踏實地、勇敢積極的來去打拼這塊土地
就讓房產奇子─慶仔Davis帶領大家用自己的實力來發現～
天龍國之外 台灣還有其他更多房地產賺錢的快樂天堂

前言（自序）
若是袂賺錢，講啥咪投資？

做為一個專業投資客，我走的路線，跟一般人不同，喜歡冒險的我，很早就打定主意，要靠房市賺錢，從二十多歲開始至今，我投資過高雄數十個物件，我可以很自豪的說，我幾乎沒有虧過錢！

首先，我要讓大家認識高雄這個房市新藍海！正當「天龍國」的房價，被炒的如日中天的時刻，我在**投資區域**部分，因為家住高雄的緣故，幾乎所有的物件都集中在**南台灣**。最近，也有很多朋友紛紛告訴我，他們在北台灣的市場，利潤已經愈來愈薄，道理很簡單，當市場已經趨近飽和，供過於求，當然價格補漲的力道，就開始大不如前，但南台灣的房市，跟炒到行情過高的台北房市不同，以高雄為例，一坪十萬以下的物件，還到處可見，要投資的門檻，相對比北台灣要低，看準高雄房市價低，卻仍在起飛的特性，我用少少的資金入手，通常都能得到不錯的利潤。

其次，如果要問我有什麼撇步？我會說，**膽大心細，富貴險中求**，就是我成功的秘訣，當大家都在買房子自住的時候，我就已經很清楚的知道，如果要賺錢，房子或土地，都只是一個工具，既然要獲利，就一定得從成本低的物件入手，拿出來的資金愈少，風險就愈低，加上精準的眼光，以及適度的包裝，要賺錢，當然就不是問題。

目前從事設計與建築相關工作的我，因為工作的緣故，接觸了很多與房地產相關的人脈，包括一般的投資客，以及很多閱歷豐富的房仲業者，他們都是我的好友，給了我很多投資的消息與靈感，加上我自己天生愛冒險的個性，以及手上慢慢累積的工作夥伴，像是自己的工班與設計團隊，都是我最有力的後盾，有了這些基礎，我才敢全力衝刺投資事業，但，要怎麼投資才能賺錢？

在**挑選物件**方面，我的這本書，也想跟大家分享一些不一樣的經驗，像是大家不會想買的法拍屋、多人持分的祖厝，甚至是神壇，這些**一般人避之唯恐不及的物件**，卻都是我眼中的賺錢金雞母，通常這類物件，競爭的人少，價錢也可以大砍特砍，別人不要的我偏買，意外之喜就是，翻修之後，他們的漲價空間，也超乎想像！

　　當然，挑選這類別人眼中的麻煩宅，最重要的，就是要不厭其煩，我常常覺得，所謂的投資客，看似風光，錢賺的比一般人快，比一般上班族多，但大家都只看到表相，真正賺錢的專業投資客，得要付出所有的心力，還要不厭其煩的親力親為，以我的例子來看，挑選了麻煩的物件，還得花更多時間，把廢土變黃金，親自監工不說，連出租、出售的工作，我都自己包下來做，這樣的投資客，賺的難道不是辛苦錢？

　　簡單來說，這本書，想要說的是大家不知道的另類房產投資故事，我胼手胝足親自經營房地產投資當中的每一個環節，並且分享我經歷或經營的每一個故事，一個把投資當成事業的專業態度，才能有信心悠遊房市，讓我無往不利。

　　而南台灣的房市，長期以來，也被市場給低估了，從這些例子當中，我也希望能把這個市場分享出去！

【推薦序】
實力！展現於實例之中

洪碩延

「房市」問題，現今無論是自住、投資甚至投機炒作，幾乎是遍地開花，持續延燒的首要議題。「房地產市場」變化萬千、千奇百怪，業者各顯神通。如何挑選物件、審慎評估、自我保護，除事前做足基本功課外，其中之眉眉角角更是成功獲利關鍵。

受邀為學生慶仔/davis 新書 —《勇敢、用桿房地產快樂賺錢術》寫序。讀畢全文。讓我頓時想說：「不是教授為什麼沒告訴你，而是教授自己都沒經歷過，不知道。」 本書可說是投資房地產各類疑難雜症之實務及實用參考書籍。作者以其數十年投資房地產市場經驗之案例累積分享，詳細描述個案分析於文內二十章節之中，是對有興趣從事此行業人士有利的另類

房地產快樂賺錢術

工具書，可說是「20 招式闖江湖」。房地產市場詭譎多變，在追求高報酬當中切記要膽大心細才能求得富貴。

　　祝福閱讀此書讀者或房地產投資者

　　　　　　　　吉祥如意，發大財！

國立高雄大學

創意設計與建築學系　所長 ｜ 洪碩延

【推薦序】
勇敢、有感！房產之道，不能只聽「天龍國」語
范世華

　　就像封面標題所述的一樣，房地產的投資並非只有等增值，同樣在台灣的房地產，南北的市場並不是完全只有一套的理論，如果沒有慶仔將自己所經歷的房地產各種投資實例，用文字逐一詳實敘述出來，那麼大家投資房市就只能透過媒體的訊息了。

　　可是媒體的製作和發布，由於總發聲的機構和地點都在台北，所呈現的訊息也因此有一種很明顯的「屬地」現象，而新聞素材多取自於「天龍國」的情形，內容資訊也就只適合大台北人看而已。如果真正想要了解全台灣的房地產市場，光用新聞資訊來解讀，那麼就有如是在井底窺天一般，只剩下批評與謾罵，永遠都賺不了錢！

　　金融背景出身的我，被譽為房市專家，主要是因為擅於用資產和資本效益的觀念來解讀房市，以自己習慣性的經驗，設

定一組房地產投資的模式，我的角度和定位是將房地產當成一種「資產」，用財富理論的基礎去創造出新的收益出來。所以持有房地產的觀點，「置產」是我房地產的財富準則。

但慶仔是把房地產完全當成一種「商品」，既然是「商品」，目的就是要拿來賣的，因此想要都能賣得出去，然後還能賺錢，當一個房地產的商人，自然就要對房地產商品，它的生產、進貨、包裝、銷售……包括房地產商品本身的功能特性，從頭到尾都必須完全的熟悉，並且知道要怎麼賺，才會是一個真正成功的房地產商人。而這又是完全另一種房地產投資的「經營」之道，在一般的認知底下，這只有「法人」才能操作玩得起來的遊戲，但慶仔卻把它做得更多元、更豐富且精彩，真的令人刮目相看。

其實房地產致富的方法真的很多，就像「包租公律師」蔡志雄，也有他個人自創的一套，他只用這麼一套招式也可以「獨步武林」，相較起來，慶仔的功夫可是實實在在「十八般武藝」樣樣都行的！

賺錢的方法人人都想要學、都想擁有，可是大多數的人都希望愈簡單愈好，如果能夠省事，甚至委託別人幫忙最好。不

過慶仔卻選擇一條自己親力親為的辛苦途徑，如今累積擁有了真本事，不但創造出財富的果實，還成為眾人的導師，結合人脈將成功分享給他人，慶仔成功的經驗，真的是值得想要從事房地產投資的人好好來學習了解！

　　慶仔自謙說自己只是「投資客」，在我看來他是個年輕又成功的「企業家」。「勇敢、用桿」，是他用來勉勵後進的名言，拜讀他的作品，我只能說，真的非常「有感」！

范世華

房地產講師
智庫雲端　發行人｜范世華

著有：《是誰在決定房價？》

《為什麼你賺不到我的錢》

《房事的祕密》

《就靠房市躺著賺》

《房仲勝經-縱橫億萬商機》

《房市房事》系列……多本房地產著作

【推薦序】
在地出發！跟著高雄房產領航者一同啓航
蔡志雄

　　第一次跟慶仔見面，是我南下到高雄舉辦新書簽書會，從高鐵左營站一出來，就看見慶仔站在車旁熱情的揮手招呼，聽見慶仔第一句話用海派的口吻說「叫我慶仔就好」。然後去簽書會現場的路上，「慶仔」手握方向盤，如數家珍介紹路旁的每一塊空地，每一棟建案的過往，現在和未來，從「慶仔」眼中閃耀的光芒，我看見他對不動產的熱情，也確定高雄是「慶仔」的地盤無誤。

　　聽著「慶仔」述說高雄在地的房產資訊，相較於台灣長期關於房地產像是一坪三百萬所謂彭淮南防線種種的論述，普遍都有「從台北看台灣」的通病，問題是每個區域的房市供需、人口結構、交通運輸皆有所不同，針對台北房價的觀點，顯然不能適用在台灣每個區域。就像「慶仔」說的，高雄一坪十萬以下的物件還隨處可見，投資門檻低，正在起飛的特性，而「慶仔」更從年輕時就開始投資高雄無數個物件到現在，而這些過程通通寫在這本書裡，房地

產市場終於有從高雄在地出發，而且是腳踏實地親身實例
的無私分享。

　　閱讀「勇敢・用桿　房地產快樂賺錢術—銅板起家、房
事煉金實錄」以後，更是讓我嘆為觀止，不同於我律師包
租公專門只買獨立套房出租，「慶仔」投資的物件，從神壇、
漏水屋、有嫌惡設施的房子、法拍屋、停車位、祖厝、農
地等等，甚至連北京跟加拿大都有置產。

　　雖然買「問題宅」是當前高房價背景下可以賺更多的
方式，但相對風險與問題也會更多，所以「慶仔」細心分
享他處理各項問題的寶貴經驗，讓我獲益良多。至於如何
選擇投資物件及獲利模式，當然也因人而異，一定要找到
適合自己的投資方式。

　　還有我看見「慶仔」凡事身體力行，把興趣變成專業，
這也是跟我律師包租公一樣有志一同。在現代社會上求發
展，光靠一招半式很難闖蕩天下，要像「慶仔」這樣，除
了買房投資、自行管理、連買屋翻修都能 DIY，還可以自
組工班團隊，額外接 CASE。所以這本書除了分享很多買
房投資的豐富經驗，更是「慶仔」人生的奮鬥史，鼓勵大

家挽起袖子，做就對了，終將有像「慶仔」一樣成功的時刻。

結束簽書會去高鐵左營站的路上，我問高雄是否也有套房出租的市場，「慶仔」告訴我，高雄慢慢開始有十幾坪左右的套房物件，如果地點適宜方便承租方上下班就很好租。搭上高鐵，我也開始構思，律師包租公有朝一日也可以從套房切入高雄的房地產市場，當然，工欲善其事，必先利其器，我一定要好好熟讀這本「勇敢・用桿 房地產快樂賺錢術—銅板起家、房事煉金實錄」。

很開心向大家推薦這本從高雄在地出發，「勇敢・用桿 房地產快樂賺錢術—銅板起家、房事煉金實錄」，祝福「慶仔」，新書大賣。

蔡志雄

包租公律師－蔡志雄
著有：《律師掛保證！只買爆衝股，讓錢自己找上門》
《我是 612-我當包租公》
《民法概要》

勇敢

【推薦序】
　認識慶仔，仿如走一趟投資的奇幻之旅

賴淑惠

　　第一次聽慶仔談投資，我必須說，簡直就是一趟奇幻之旅！我自己也買、賣房子，但，一直蝸居在台北市的我，從沒想到，南台灣也有春天，而且，他買的物件，都超級匪夷所思，說真的，我絕對不可能去買一間廟宇來投資，光聽就很不可思議，開玩笑，我又不是仙姑，買來做啥？但，慶仔就敢，光這份膽識，就讓我大大跌破眼鏡！

　　第一次跟慶仔聊天，我就覺得他跟一般投資客很不一樣，他總說，台北太貴，他不想買，也買不起，當然這是謙遜之詞，對我這樣的小資女來說，他比我更有悠遊房市投資的能力與資本，不過，看起來客氣謙虛的他，一談起房市投資，眼睛都亮了，整個人神采飛揚，因為他就是跟別人不一樣，人家買市區，他挑蛋白區裡的蛋黃區，人家買地蓋房子，他偏要買農地、法拍屋，甚至買地租人當開心農場。

　　我必須很真誠的佩服，這就是他過人之處！投資本來就是一條有風險的事，保守點的，會從中挑一條看起來平坦點的路走，畢竟都是血汗錢，誰願意讓大把鈔票付諸流水？但，慶仔的投資，硬是跟人家不一樣，不過，如果以為他只靠大膽闖江湖，那又大錯特錯，我在這本書裡，看到一個膽大妄為，但絕對心細如髮的投資客，他掌握了很多投資要素，比如做足功課，而且培養人脈，讓自己的投資有如神助，這麼用心的投資客，我也是第一次看到。

　　就是因為這樣的用心，讓他的投資策略，看似風險處處，但永遠逢凶化吉，且能絕處逢生，讀這本書，保證跟一般坊間的投資教科書截然不同，他沒有按部就班的規則可言，卻讓讀的人拍案叫絕，因為成功的投資客要件，一定要懂人所不懂，敢人所不敢，才能出奇制勝。

　　這本書，不是教科書，而是給讀者更多新思維，投資不一定要照書教，因為那些都是人家做過的，也許安全，但競爭者眾，大家都學會的，都是舊把戲，能賺錢的空間，早就大大被壓縮了，慶仔的做法，不一定大家都可以學得來，畢竟他在書中的奇遇，不少是人生不可預期的變化，有的是出國念書，突如其來的機會，連陪老婆出國待產，

也能一邊買房投資，但，這就是把投資變成生活的一種習慣，如果要問，我看完這本書最大的心得？我一定會說，當然就是學習到一種投資人生觀，碰到每一個機會，都要試著思考，只要有賺錢機會，千萬別錯過。

這，就是慶仔要給大家的，不同於一般投資教科書，一個一個讓人拍案叫絕的故事，我邊看邊笑，因為我想都沒想過，還可以這樣玩投資，而且慶仔的游刃有餘，信手拈來，都是經典，只要你跟我一樣，願意一起走進這趟投資奇幻之旅，我保證，一定不會讓你空手而歸！

房市暢銷書作家

小資屋婆－賴淑惠

著有：《亂世出英雄-小資屋婆低點購屋術》

《小資首購術-敗犬變屋婆》

《房仲話術大揭密》

《就靠房市躺著賺》

【推薦序】
投機不鼓勵，投資靠實力

張欣民

　　近幾年來國內房地產市場十分紅火，自己又在學校教不動產投資課程，因此常常有人問我，要如何投資房地產賺大錢？確實這幾年來在房地產景氣大多頭的環境之下，很多人都靠房地產賺大錢，但該如何做才能賺大錢呢？

　　翻遍國內外房地產投資的書籍，個人發現萬法歸宗，房地產投資容有許多不同的操作手法，但最後都可以歸納為以下四種模式：

1. 傳統賺取租金模式

　　以自有資金買進房地產，長期持有，賺取每個月穩定之租金收入。這是很多業餘投資客的操作模式，業餘投資客一般都是心態較保守、風險承擔能力較弱的一群，因此

大多是採取傳統房地產投資模式，這也是長期以來，房地產市場上都存在的投資模式。

由於這類投資者都是以自有資金投資，所以一般比較不會在意外部資金利率之高低，也不會在市場上頻繁殺進殺出。也因為此一長期持有之特性，往往在日後真要處分這些房地產時，其增值之價差也非常可觀。

2. 投資賺價差模式

買進低價、賣相較差之產品，以裝修手法「改頭換面」之後，短時間內再以高價賣出，這是很多專業投資客在房市上操作的模式，這種模式也就是很多類似《房地產快樂賺錢術》作者慶仔的操作模式。

慶仔擁有多年房地產投資實戰經驗，而且是屬於擁有成功經驗的實務界人士，他不諱言自己就是大家眼中的投資客。只是慶仔成功的模式，尤其是一些遊走法律邊緣的作法，並不是其他的人都學得來，個人並不鼓勵，倒是作者解決問題的精神是值得大家學習的，事實上，天下沒有不勞而獲這回事，作者自己也承認，他是「花了數年研究」才有這樣的成果！

投資賺價差模式「投機」的成分高過於「投資」，個人也不鼓勵，況且現在國內有奢侈稅，你再如何高竿去想方設法避開奢侈稅，最後都還是無法逃出如來佛的手掌心的。

3.槓桿操作模式

這類投資者大多屬自有資金較低但月收入較高的族群，因此才採取高度借貸之槓桿操作模式。這類投資模式雖仍屬業餘投資，但已算是業餘當中最高段之操作手法。

這類手法又可分為兩種，一種是在成屋市場高度借貸之槓桿操作模式，投資者是藉由小單位化手法，將大坪數的房子切割成小單位出租，賺取更高的租金收益，在低利率環境之中，除了第一間房屋投資標的可以租金養活自己之外，還有餘裕可拿一些租金來養第二戶房子。

再以此類推到第三、四戶房子，只要操做得宜，利率相對穩定，這類投資者可在買下持有四、五個標的房子後，在八～十年內還清所有的貸款，這也意謂著這些投資者十年後就不用上班，可以提早退休，讓這幾間房子來養活他們的退休生活。

　　第二種高槓桿操作手法最典型的就是買預售屋。預售屋在完工前最多只要繳交二～三成的自備款，但因工期通常都要兩年以上，若在這兩年間房市持續走多頭，房價跟著走揚，購屋人在交屋前轉手賣掉，其間獲利是相當可觀的，也是一種用小錢賺大錢的操作方法。

4. 放長線釣大魚模式

　　這是口袋夠深、資金夠雄厚的人士之房市投資模式，選定大都市外圍便宜的土地（包括農地），買下之後就不管它，隨著大都市的發展往外擴張，這些之前被認定不值錢、不值得開發的便宜土地，都會鹹魚翻身變成有價值的黃金地。

　　這種投資模式，前提是要口袋夠深，不用跟金融機構借錢，而且眼光要看得長還要看得很精準，有耐心等待都市發展的步伐及政府重大建設投入的時點。

　　事實上，不管是哪一種房地產投資模式，「將風險降到最低，並且將財務報酬極大化」都是投資的最高原則，這在古今中外都通，只是最後個人還是要強調「君子愛財

取之有道」，而不是一些旁門左道，這樣才能讓人賺錢賺得心安理得！

房市專家－張欣民

天時地利不動產顧問公司總經理

正聲廣播電台「日光大道」房地產節目主持人

著有：《房市日光大道》

《房仲勝經-縱橫億萬商機》

《跟著專家買房子》

《這樣買房會增值》

目 錄

目　錄

房地產快樂賺錢術

勇敢

第一章

銅板起家！沒本錢就要加倍努力、把握資訊財

勇敢

投資房市，真的有這麼難嗎？這個問題，很多人都問過我，但我的答案是：「很簡單，就是『消息』要夠『靈通』！」聽起來很困難，但只要夠積極，其實，要賺到錢，絕對非難事，我跟大家一樣，曾經也只是月領微薄薪資的上班族，口袋也只有一本沒有啥重量的零錢存摺，也正因為手頭上的錢不多，我深知一定要把錢花在尖銳的刀口上。

to we know

勤能補拙！消息一點靈
自己調閱謄本，打聽訊息做功課

當我一開始選擇投資標的時，就會開始跟周遭親朋好友打聽打聽，上至阿公阿嬤級，下至左右鄰居、管理員、里長，看看哪裡有會賺錢的"好"物件，就吃好道相報，而我也因此小賺了一筆！當時，有位年輕朋友告訴我，在高雄市灣中街(位於建工路旁)有一間挑高的小店面要賣，但是屋主不想透過仲介銷售，得知這個消息後，我立刻跨上50cc小綿羊飛奔到地政事務所調出了地籍謄本，這個動作

幾乎鮮少人會做，但因為過去我有做過房仲的資歷，我熟知"謄本"就像房子的履歷認證，屋主是誰？貸款金額跟成數多少？產權面積大小？都一覽無遺，這些細微的資料，看起來簡單，但卻暗藏玄機，正如郭總裁說的:[魔鬼就在細節裡]。當然，金礦也是埋在深山裡。

大膽假設，小心求證，這也是我的強項，我一般都會先沙盤推演，如果這個房子的貸款金額成數過高，屋主很可能會有還款壓力，如此一來，殺價空間相對就會比較大，想買到便宜房子的機會，也就會大大的提升，此外，房子有沒有產權問題，也可以窺知一二，這樣的方法，也等於買一個基本保險，畢竟資訊都仰賴房仲，為了促使成交，很多仲介都是站在賣方立場介紹物件，把案子說的天花亂墜，買家入手之後，才知道這些躲在謄本後面的資訊，反而容易上當受騙，甚至引發爭議。

我當時非常確定這個物件值得投資之後，接下來，重頭戲才要登場，我再度透過非官方小道關係知道，當時的屋主，要賣的這個小店面約 30 坪大小，加上二樓夾層共有 40 幾坪，空間大小非常適合店家經營，而這位屋主剛好離婚，"完完全全"不想把房子留給前妻，希望能趕快脫手變現，再加上屋主過去投資房市從未獲利，對於賣房子

要賺錢這件事,也"完完全全"失去了信心,而我,眼見機不可失,更加堅定要到手的決心。於是,我發揮了遠親不如近鄰的好人緣,透過鄰居打聽屋主位在路竹漁村老家的房子地址,打算學劉備來個三顧茅廬,親自登門拜訪。

to we know 親自登門拜訪屋主,動之以情 議價的成果,賺得第一桶金

這次的拜訪經驗,非常有趣,我到了屋主家門口,剛好碰到他在三合院前的菜園手握鋤頭正在種菜,我想也不想,立刻上前自我介紹,表明自己對他的房子非常有興趣,希望他能割愛,把這間房子賣給我,而屋主的心情不佳,一口否決我,還強力懷疑我是仲介,而我也娓娓道來,說自己剛剛結婚成家,想要有個可以安身立命的地方,動之以情的結果,居然讓屋主心軟了,願意以低價賣給我!當然過程中,我展現所有買屋教戰策略,舉凡哀兵政策、借花獻佛、臨門一腳.......各門各派能用的招式都派上用場,但,我就是沒有嫌棄房子,主因我怕屋主一個不爽,給我一句再見。

　　對於價錢，我也早就做好功課，先打聽附近相同的物件價格，發現幾乎都落在 400 到 500 萬之間，而屋主對於價格也沒堅持，我開口希望以 300 萬成交，因為他當時的種種情況，最後我居然真的用 300 萬買到房子，連我自己也不敢置信。確定成交之後，當時，我跟屋主協議，將買賣合約寫一份申請貸款合約，簽定 500 萬，因為還在周邊行情範圍之內，銀行一口答應承貸六成，換句話說，我貸到約 300 萬的金額，如此一來，我幾乎完全沒花自備款，就買到了這間房子，說起來真的不可置信，但，真的做到了。

　　交屋之後，為了能短進短出，累積更多投資資本，我用盡了薄薄沒有任何重量的 10 萬元存摺，而那是我省吃儉用將銅板存下的翻身基金，孤注一擲花盡了我畢生積蓄，將房子的屋況稍做整理好，包括水電管線重拉，油漆粉刷，讓房子的賣相更好，也沒意外的在短短一、兩個月後，我就以 380 萬自售賣出，扣掉貸款、稅務、代書費、裝修費用，我輕鬆賺進了 70 萬，而人生的第一桶金就有了，真沒辦法想像，這樣的銅板人生就此翻身了，也開始了我房地產人生的第一頁。

省了仲介費賺更大
履約保證不可少

　　此外，因為沒有房仲介入，少了房仲從中抽的買賣雙方 6% 服務費，成交的價格也有機會可以壓低，這中間能夠談判斡旋的空間，也會大大增加！聽出來沒？想要賺錢，一勤天下無難事，很多人為了省事，寧可把房屋買賣這檔事，交給房仲來處理，但一買一賣的投資客，幾乎把利潤都給了房仲，怎麼算都不划算，所以我寧願多花一點時間打聽比較，甚至跑腿斡旋，把仲介的工作吃下來，錢也能"完完全全"留在口袋裡了。

　　不過，不靠房仲買屋，也不是全然都是好處，否則這個行業也不會有存在必要了，光看大街小巷林立的仲介，就知道他們還是有相當的重要性，如果想要自己買賣，除了要肯跑腿之外，還要連他們包打聽的工作吃下來，當然要花不少時間與力氣；此外，沒有仲介當公正第三人，交易的安全性也不可忽視！

　　買賣過房子的人都知道，除了一定要找代書幫忙處理交易雜務，這幾年的買賣交易，在正式交屋前，往來的房屋款項都得進入銀行履約保證專戶，這筆帳戶保障買賣雙方，對買方來說，不會把錢都給人家了，卻沒拿到房屋權狀，而賣方也不至於過戶之後，落得一場空，對彼此都能有所保障。

 投資店面獲利：

購入　300 萬	賣價　380 萬
+ 裝潢　　10 萬	− 成本　310 萬
————————	————————
310 萬	賺進 70 萬

銅板起家、房事煉**金**實錄 ／ **第一章**
銅板起家！沒本錢,就要加倍努力,把握資訊財

勇敢

沒人"敢"
我卻能讓神壇變成黃金屋

　　除了消息靈通,膽大心細、克服心理障礙,也是投資獲利不能缺少的要件！幾年前,我開始接觸法拍市場,當時,高雄民族路(近建國路)有一間神壇廟宇,因為廟方經營不善,屋主欠下一屁股債,要將這間看起來畫樑雕棟、龍飛鳳舞、琉璃瓦屋簷的小廟拍賣,只是,房子拍賣了四、五年,就是乏人問津。

　　為什麼沒人買？不難想見,誰會去買一間造型這麼奇突的物件,不管自住或做生意,都略顯奇怪,但我就看上這案件超級的物美價廉,這間位在高雄民族陸橋旁(近建國路順發 3C 旁)的房子,外型真的非常不討喜,但公寓一樓 28 坪大小,我只花了 81 萬,在法拍市場買下,但是投標過程中,也是天人交戰,周遭親朋好友都極力反對,罵聲四起,尤其是我老爸,火爆浪子,兄弟退休的他,要我千萬別下手,否則我將會造成不小的家庭革命,但是,雖然大家都不看好這房子會賺錢,但我卻信心滿滿,原因無

他，因為價錢實在太便宜，我仔細算過，不管怎麼買都划算，即便是革命我也在所不惜，豁出去了！

點交之後，我就包個六千元紅包先請道士(師公)舉辦法會儀式，將神明移駕請出，過程中，我還特意請道士把搖鈴搖響亮一點，牛角號角吹大聲點，最好方圓三公里都聽得見，讓周遭附近的居民都知道我有請出神明移駕，這樣一來房子空出可以進一步處理，接著我再找來怪手，在不影響房屋結構的前提下，先把房子的龍鳳屋簷造型敲掉，這樣一來，大家的接受度就高多了，最起碼看起來不像一間廟宇了，然後我經過專業師傅泥作、砌牆、隔間過後，幾乎跟一般房子沒什麼差別了。

巧思裝潢設計
神壇變好宅,添福發財

　　有了比較正常的外觀,我再花 40 萬重新裝潢內部,包括原來在路沖的大門,也改成可以進出的小車庫,巧妙化解了風水上的問題,也增加進出的便利性,於是,一間神壇被我改成住家,從購屋 81 萬,到裝潢 40 萬,我只花了 130 多萬,但因為賣相變了,過去怎麼賣都賣不掉的神壇,居然可以賣到 250 萬,扣掉付出的成本,我一口氣賺了約 120 萬!

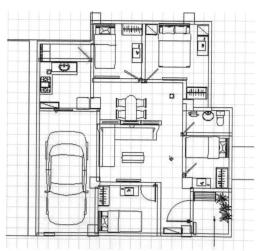

● 神壇變好宅的重新改裝設計圖

其實，真的不是我運氣好，很多時候，買房子是一鼓作氣，想好了接下來的步驟，就要相信自己的判斷，像這種沒人想買的神壇，很多人連看都不想看，更別說出價了，但我仔細算過，買這件沒人要的房子，一坪才花三萬多，在高雄要買到這樣的物件，可以說幾乎不可能，如果我把賣相整理好，無論如何，都會有人願意出價購入。

因此，訓練自己的眼光，就是賺錢的關鍵！試想，如果只是一昧追求大家都喜歡的物件，當然要把購屋成本增加，才能跟大家競爭，如此一來，想要賺到錢，空間就會相對比較小，如何從茫茫大海般的房市物件中，挑選到可以投資的標的，靠的就是經驗，只要產權沒問題，花點錢包裝，就能把廢土變黃金。

 投資神壇獲利：

購入 81 萬	賣價 250 萬
＋ 裝潢 40 萬	－ 成本 131 萬
───────	───────
131 萬	賺進 (約) 120 萬

● 宮廟神壇原貌以及改建工程

第二章

廢土變黃金！
翻修裝潢
是投資房地產的既定模式

房地產專家常常建議，小心避開所謂的「問題屋」，這些買了會頭大的物件，相信大家都如數家珍，像是附近有嫌惡設施，或是格局不佳，甚至風水有問題的房子，這些都不能買嗎？那可不一定，因為愈是沒人買的問題屋，價格一定相對低，用對方法投資，一樣可以賺到錢！

別人敬而遠之的「問題屋」
翻身洗底的賺頭大

　　有瑕疵的東西，價格通常都會比較低，聽起來是個很普通的常識，但用在買賣房子這件事情上，卻會讓很多人裹足不前，畢竟買房子所費不貲，花了幾百萬買到瑕疵品，這對多數消費者來說，還是很難接受的一件事，不過，這裡頭的關鍵在於，什麼才是「可接受」的問題屋？

　　一般來說，這類「問題屋」，最常出現在法拍市場裡，因為屋主的財務狀況出了問題，房子才會流落到法拍的窘

境。幾年前，我在法拍物件中，看上了高雄市三民區一間
32坪大的舊大廈，實際去看過這個物件之後，我發現裡頭
的屋況超慘，幾乎可以用「鬼屋」、「戰後廢墟」來形容，
嚴重漏水不說，房子連磁磚都掉光了，牆壁更是只見斑駁
的磚牆外露，一般人看到，都會倒吸一口氣，退避三舍，
別說花錢買了，就算有人送，我猜也沒什麼人想要，因為
光想到要花錢整理，就夠嗆的了。

雖然這種漏水屋，在法拍市場裡是鬼見愁，不過，我
卻看到它的另類商機，首先，三民區是高雄的精華地段，
附近就是高雄火車站，買了這個房子要出租，一定不怕找
不到房客；其次，像這樣的七樓大廈電梯物件，公設比極
低，使用面積實在，不會把錢浪費在無意義的公設空間
上；最後一點，也是最關鍵的「價格」，以周邊行情來說，
大約要賣250萬，但從法拍市場買這個房子，只花了我170
萬！換算下來，當時一坪要賣8萬的舊電梯大廈，我只花
了5萬得手，取得的成本就比人家低，贏在起跑點上，你
說，怎麼可能沒賺頭？

斑駁漏水像鬼屋一般
抓漏翻修後的成果大賺 200 萬

　　權衡種種利弊得失之後，我決定發揮勇敢精神，衝了！但，我也必須承認，這房子的本質真的太差，我告訴自己，一定要有耐心，於是，我花了半年的時間，把這間恐怖「鬼屋」「廢墟」變成「黃金屋」，我評估過自己的優勢，目前從事建築業的我，當然比一般人更了解成本計算，加上我有自己的工班，還能精確的抓漏翻修，光材料跟人工，又能省下一大筆錢。

　　俗話說的好：「醫生怕治嗽，土水怕抓漏」，要把這間房子翻修到好，光抓漏治漏就超麻煩，別人起碼要花 20 幾萬，我靠自己的專業工班，只花了 10 多萬搞定，這就先省了一大半，接著，我再花 100 多萬把房子隔成九間套房，值得一提的是，為了把空間做最有效的運用，我甚至把原來的陽台打掉，如此一來，又多了 7 到 8 坪空間，不過，發現沒？170 萬買的房子，還是得花 100 多萬裝潢，這就是買問題屋的一大風險，資金要夠，而且要很耐煩，因為必須花很長的時間監工，一點都不能馬虎！

　　裝潢隔間完成之後，我把九間套房全數出租，一間 5000 元，9 間可以租 45000 元，以年投報率來說，高達 18%，像這樣「厚工」的投資，能接受的人真的不多，但是，我一開始就預料到要花錢、花時間去整理，心裡有了準備，就沒有什麼好怕，兩年後，這間已經變成賺錢黃金屋的物件，我賣了近 500 萬，一來一往，我賺了超過 200 萬，當然，這還不包括中間的租金收益！

 <u>漏水屋變黃金屋的獲利：</u>

購入 170 萬	賣出 500 萬
＋　抓漏、裝潢 100 萬	－　成本 270 萬
─────────────	─────────────
270 萬	賺 230 萬

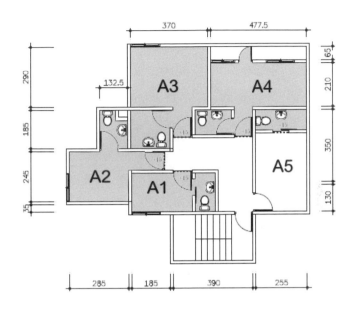

to we know

風水差的扇形格局
隔成六間套房,收租三萬六

　　分享這個故事,並不是要大家都去買問題屋,畢竟不是每個人都有建築專業背景,而且除了買房子的 170 萬,裝潢要花的 100 多萬,幾乎都要用現金買單,如果手上沒這麼多本錢的人,也不適合這類物件,但,我建議有心如

法炮製的人，只要是問題有辦法解決的物件，想用少少的預算，達到短期獲利的目的，絕對不是不可能的任務。

　　像這樣的「問題屋」，我買過的，可不只這一間！大家都知道，格局方正的房子，不但住起來舒服，從風水上來看，也比較受到喜愛，換個角度來說，如果格局不佳，造成房子難以規劃，當然就會乏人問津，不過，價格也會相對平易近人許多。多年前，我看上了前高雄高大百貨裡的一間二樓店面，就屬於這類「怪異格局」物件，同樣是一間躺在法拍市場裡很久的物件，雖然無人青睞，卻不代表它一無是處。

　　這棟大樓很特別，因為以前是百貨公司，倒閉之後，裡頭變成住商混和的型態，有一般住宅，也有各種店家，進進出出的人當然就雜，對一般自住客來說，想買當然會考慮再三，再加上我看上的物件，過去是開店用，它的格局也明顯跟一般房子不同，整間 37 坪大小的房子，整體形狀是一個扇形，門口剛好就在扇形的尖角處，所以整個空間的入口小、後面大，說有多怪異，就有多怪異，不過，這房子的價錢，也低的很讓人動心，最後，我只花了 150 萬就買到房子！

to we know 自己養工班
控管成本及施工品質，專業提升

　　「這樣的房子，要怎麼住？」這個問題，當時，在我心中也百轉千迴，想了好幾天，終於，我想到解套的方法，從前面章節的一些例子看下來，大家應該不難發現，我買賣物件，多會希望把它隔成套房出租，讓租金利益極大化，這個案子也不例外，我同樣找來了自己的工班跟建築團隊，把這個風水與動線不佳的房子，變成可以賺錢的投資宅。

　　首先，我把房子規劃成六間套房，既然入口在扇形尖角，我在尖角處只設計了一間房，留下一條通道，讓其他房間的租客進出，如此一來，後面的扇形設計，就相對簡單多了，分成五間房間；而我的工班也為我省了不少開銷，市價要 130 萬上下的裝潢，整個房子完成，大約花了我 100 萬，省了 30 萬上下，最後我一間租了 6,000 元，六間一個月可以賺進 36,000 元。

仔細算下來，我買屋加裝潢，總計成本 250 萬，半年後，我把整理好的房子帶租約賣出，賣了 400 萬，短短時間，我賺了 150 萬！聽起來很輕鬆，但，真的所有的問題屋都能買嗎？我會立刻告訴大家，當然不是，挑選物件一定要張大眼睛，否則，多數人還是會被難題套牢，脫不了身的結果，當然是認賠出場！

 扇形屋變黃金屋獲利：

購入 150 萬		賣出 400 萬
＋ 抓漏、裝潢 100 萬		－ 成本 250 萬
250 萬		賺 150 萬

to we know 忌諱與嫌惡設施為鄰 那就直接把「祂」買下來

　　該怎麼避免被套牢？我有自己的堅持！第一，因為我買的是高雄的房子，南台灣的風土民情保守，大家最不能接受的問題屋，當然首選廟宇！因為附近有廟，少不了的是川流不息的信徒祭拜或是燒紙錢，甚至大、小法事不斷，碰上廟裡的大日子，噪音更是讓人無法忍受，而南部民眾最難以接受的，是風水上的對沖，這是南部人的大忌，基本上，這樣的物件，我說什麼都不碰。舉例來說，我之前就看過一間條件很不錯的房子，在左營小巨蛋精華區附近，但它正對面有廟，已經犯了我的大忌，還有隔壁鄰居做資源回收，環境跟衛生都大大受到影響，這樣的房子，連自己住起來都不舒服，怎麼可能漲價，甚至還想賣給別人會賺？

　　其次，與其買在嫌惡設施附近，我更建議買嫌惡設施，如我前面章節提過的故事，我買了一間廟，再把它改裝潢成一般住宅，雖然聽起來怪異，但嫌惡設施也不是萬年不變，永遠矗立在那邊，如果嫌惡設施本身要出售，價

格當然一定也會便宜許多，試想，既然嫌惡設施被我買走了，附近就再也沒有讓人不喜歡的嫌惡設施了，價格怎麼可能不漲？

　　以鄰近「夜總會」的房屋為例，很多人不愛，覺得風水不佳，但這些年，很多地方都會遷移墓地，留下來的空地，還是會釋出蓋屋，依照中國人的觀念，這些地方的風水，都會讓人退避三舍，我卻建議其實可以趁早卡位逢低買進，因為假以時日，人們淡忘了這塊地的過往，福地也會變黃金，搶在先機，眼光放遠，問題屋、風水地，一樣可以洗底翻身！

第三章

蛋白區裡挑好貨
就業、觀光市場的房產商機

房地產專家常說，投資房市的三要件，就是「地段！地段！地段！」，不過，眾所周知，好的地段，所費不貲，買起來貴鬆鬆，一般人光買間房子都有困難，更別說買在黃金地段了！但，買次級地段，又怕被套牢，這種荷包與地段的對決，對大多數人來說，都是難以決定的選擇題，我這一章要講的，就是不一定要跟人家擠什麼高價蛋黃區，也能賺到錢！

次級地段也有優質物件
精挑細選賺很大

其實，我一向不是一個傳統的投資客，一般房地產投資專家說的定律，雖然我都知道，但我總覺得，大家都這樣做，豈不是人人都能賺錢？但事實卻不然，還是有很多人套牢的，可見教科書講的東西，可以提供有效參考，卻未必是唯一定律，於是我自創了一套「蛋白區裡的蛋黃投資法」，不用花大錢搶燙金標的，同樣也能轉手套利。

　　所謂的蛋白、蛋黃區，就是所謂的「邊陲區」與「市中心」地段。市中心的價格高，當然就是精華的蛋黃區，買了蛋黃區的物件，因為周邊交通與生活機能佳，未來漲勢可期，以台北市為例，信義區、大安區等高價區域，就是一等一的蛋黃區；而新北市像是林口、淡水、三峽等次級區域，則因為距離市中心較遠，則屬於價格相對便宜的蛋白區，但這類區域因為地段較差，補漲的時間較慢，上漲幅度通常也不高。

　　這樣一分為二的投資法則，真的可以奉為圭臬，信之不疑嗎？我覺得不盡然，裡頭當然有些道理可信，好的地段是賺錢鐵律，但如果好的地段太貴，我們也可以退而求其次！買不起蛋黃，只好去改買蛋白區，但同樣是蛋白區，還是有不錯的標的可以尋覓，我建議從蛋白區裡挑出蛋黃區，換句話說，就是次級地段裡的優質物件。

有工業區的就業人口加持
　　蛋白區也能有春天

　　舉個例子來說，我曾經買過楠梓德維街的一個物件，高雄人都知道，當年這裡屬於高雄市區比較不這麼精華的區域，比較類似新北市的淡水區，房價也一直不算高，算是典型的蛋白區，但，這附近有楠梓工業區，即使地段不佳，市場需求卻不低，不管租屋或購屋，都有一定的市場，因此，這裡也算蛋白區裡頭的蛋黃區，我一看到這個物件，就覺得它是可以投資的優質物件！

　　首先，它附近有楠梓工業區，附近的藍領工人通常買不起房子，要租屋，當然首選附近的物件，我看過這個房子後，發現裡頭的居住份子，相對比較複雜一些，有工作不穩定的工人，也有幫人拜神收驚的人，不過，勝在有人承租，表示將來出租難度不高，更重要的，它是蛋白區物件，價格當然相對輕薄短小，在五年前，我當時以 144 萬的總價，買到這間 40 坪的房子，換算下來，一坪約 3.6 萬，相較附近一坪要 5 萬的價格，我買到的法拍物件，真的算是物美價廉！

　　成交之後，我花了不到 60 萬，一樣隔成 6 間套房出租，一間出租 6000 元，一個月賺進 3.6 萬，這價錢，工人們大多可以接受，但我也沒把這個物件留太久，一個月後脫手，我賣了 380 萬，扣掉購屋成本 144 萬，與裝潢支出 60 萬，轉手我賺進約 180 萬，怎麼算，都很聰明，而這個賺錢的經驗，就證實了蛋白區也能有春天。

 蛋白區裡的蛋黃投資法：

	購入成本　144 萬	賣出　380 萬
＋	裝潢支出　60 萬	－ 成本　204 萬
	204 萬	（約）賺　180 萬

蛋白觀光區，旺季湧人潮
逢低購入搶商機

　　簡單的說，蛋白區絕對不是一無可取，只要選對標的，即使是外圍的蛋白區，也是相當有競爭力，跳脫蛋黃區來思考，就會有很多不一樣的可能！該怎麼挑這類物件，除了從附近人潮或租屋需求來看之外，我提供另一個選擇可能，就是觀光旅遊區的投資物件。

　　舉例來說，一般北部人投資，就算往南台灣移動，通常也不會選擇恆春這些地方，但其實這些地段因為有觀光效益加持，這幾年的房價，都已經不可同日而語，緊鄰墾丁的房子，甚至價格漲到比台北市區還要高！怎麼會有這樣的效益？其實，說穿了，就是人潮聚集，以墾丁為例，幾乎一年四季遊客如織，碰上夏天的旺季，或是每年的春吶，這裡的觀光客擠爆了，幾乎天天客滿，一般的民宿經營業者，光夏季的住宿收入，荷包就賺得飽飽飽。

　　從人潮的角度來看，買了這裡的房子，出租給民宿業者，當然有錢賺！這類的物件，就是典型的蛋白區裡的蛋

黃物件，屏東算是整個台灣的蛋白區，但無疑地，恆春一定是這塊蛋白區裡，最精華的一塊蛋黃，買了這裡，漲幅與效益不輸台北市區，像這樣的觀光區物件，現在也愈來愈夯，成為不少投資客眼中的搶手貨。

to we know 離島觀光效益高 買屋蓋民宿，年收百萬輕而易舉

早在幾年前，我的朋友就曾經目光精準的看上了澎湖。他的分析，讓我印象深刻，澎湖當然也是台灣的蛋白區，但利潤卻讓人聽了超心動，因為朋友買了這裡的房子經營民宿，每年只做三個月旺季的生意，就可以年收入百萬，光這個數字，就讓不少 22K 的年輕人，聽了很艷羨。

仔細一算，還真不是蓋的，他一間民宿一晚要價 3000 元，旺季滿租，6 間房每天收入一萬八，一個月 30 天，天天都客滿，一房難求，三個月下來，收入 162 萬，扣除人事開銷等支出，還是有淨賺百萬的空間，剩下九個月，也不用太辛苦，接一些散客，能賺多少是多少，這樣的物件，

你能說它不是蛋黃區嗎？而且這樣的獲利很平均，每年都會自動湧入，連宣傳都不用做，真是躺著睡覺都在賺錢！

　　眼看觀光效益驚人，澎湖這幾年的房價，也一飛沖天！當台灣中南部很多透天厝，整棟樓也才兩、三百萬的時候，澎湖這種離島，一棟卻已經可以賣到五、六百萬，好一點的物件，價值更是讓人聽了傻眼，要價將近千萬，看似房價應該不高的澎湖，現在也吸引了不少投資客的熱烈關愛眼神。

 澎湖觀光市場商機的投資獲利：

日租　3000 元

房數　6 間房

(一個月) 30 天

×　　　旺季　3 個月
────────────────────

賺進（約）　162 萬

* 本圖摘自澎湖知名民宿"天空格子、海洋格子"之住房資訊

獨家放大圖

天空格子 VIP四人套房　　📋 我要訂房

樓中樓設計乾淨明亮且功能設施齊全的4人房，房內均配有高級獨立筒床墊床組及超大觀景窗，可瞭望馬公市區建物及鄰近的第三漁港海波潾潾的美景，最適合親子旅遊或是青年學子及好友死黨們同住，讓您在悠閒菊島的夜晚也能享受安穩舒適的睡眠品質！四人房浴室設備，附有浴缸

> **定價 3800**
> **房 價 說 明：3400（6.7.8 月份）**
> **3000（4.5.9 月份）**

🔸 **房內設施：** 獨立衛浴·梳妝台·衣櫃·沙發
　　　　　　　 液晶電視·小冰箱·吹風機·無線網路·高級彈簧床
　　　　　　　 羽絨被·衛浴用品·分離式冷氣機

🔸 **進／退房：** check in 進房時間：PM2:00
　　　　　　　 check out 退房時間：AM10:00

🔸 **其他備註：** 馬公機場／馬公港<─>民宿之間的免費接送
　　　　　　　 淡季房價(11月~隔年3月農曆除夕除外)：定價的六折
　　　　　　　 加床一床400元
　　　　　　　 退房後有兩間公共的衛浴可以使用，提供公用洗衣機

海洋格子 二人套房　　📋 我要訂房

6間溫馨舒適的2人套房，不論是情侶還是夫妻、朋友，回到民宿皆能給您放鬆舒適的感覺，每間房均附有獨立浴室隱敝性高，高級床組可讓您在一整天奔波勞累的旅程夜晚裏享有最安穩舒適的睡眠品質，更貼心的是我們的房價非常的經濟且實惠！

> **房價說明：1600(6.7.8 月份) / 1300(4.5.9 月份)**

🔸 **房內設施：** 獨立衛浴·梳妝台
　　　　　　　 20吋平面電視·吹風機·無線網路·高級彈簧床
　　　　　　　 羽絨被·衛浴用品·分離式冷氣機

🔸 **進／退房：** check in 進房時間：PM2:00
　　　　　　　 check out 退房時間：AM10:00

🔸 **其他備註：** 馬公機場／馬公港<─>民宿之間的免費接送
　　　　　　　 淡季房價(11月~隔年3月農曆除夕除外)：定價的六折
　　　　　　　 加床一床400元
　　　　　　　 退房後有兩間公共的衛浴可以使用，提供公用洗衣機

● 澎湖於淡季與旺季區分有不同的住房價格

睜大眼睛挑物件
管理問題停看聽

　　這種蛋白區的觀光物件，著眼的就不是固定出租的效益，而是隨著人潮湧入，會不斷增加的短租需求，因為會來這類觀光區玩的人，通常不太可能單日來回，一定得花錢住宿，如果這個觀光區愈熱，當然來住宿的人天天客滿，買這類物件，當然賺得飽飽飽。

　　同樣的蛋白區物件，在離島特別多，像是規劃成為博弈專區的馬祖，這幾年的外來人口暴增，都快要比本地人還多了，而金門的房價也不可小覷，20坪大小的物件，居然可以賣到800萬，一坪價格約40萬，夠嗆吧？這幾乎是新北市中永和的中古公寓行情，實在很難想像，這樣的行情，居然出現在離島！

　　當然，這樣的觀光區投資，還是存在不少風險，首先，因為這類蛋白區，一定要熟門熟路的人，才能找到裡頭最精華的蛋黃區，怎麼挑選物件？一定要做好功課，最好找到信任的房仲或地頭幫忙；其次，如果自己經營這類民

宿，但地處偏遠的蛋白觀光區，除非找到完全可以信任的
人管理，否則還是問題重重，萬一碰上員工罷工，可能更
加麻煩，所以，想要賺錢，絕對沒有白吃的午餐，該做的
事前包打聽，絕對不可少。

勇敢

第四章

法拍不點交物件
流拍底價真正夠「俗」

因為興趣的關係，我跟一般投資客不太一樣，我獨鍾麻煩的法拍屋！說麻煩，其實也不是真的麻煩，而是對外行人或是怕爭議的來說，法拍屋的確是有不少風險，但如果掌握應對方法，法拍屋不但有利可圖，而且比一般的投資物件都來的好賺，其中，我最喜歡的，莫過於「不點交」的法拍屋。

買法拍屋鐵定賺錢？
點不點交差很大

簡單來說，法拍屋分成「點交」跟「不點交」兩種，有點交的法拍屋，在拍定之後，會由法院執行處強制執行點交，因為有第三公正單位介入點交過程，因此，點交的法拍屋絕大多數的屋況，通常不會太差，但相較之下，有點交的法拍屋，因為爭議少、風險低，想要介入競價的人自然也比較多，不但要買到好物件的機會相對較低，連價錢也可能被拉高，從賺錢的角度來看，當然不利投資。

但是，如果買的是「不點交」的法拍屋，情況就不一樣了，因為少了點交這個程序，很多人擔心會碰上「海蟑螂」，都會避而遠之，盡量能不碰就不碰，因此競爭的人少，價錢當然也就不容易會有「競標」的因素而拉高，想便宜買到法拍屋的機會，就高多了！

就是抱著這種「富貴險中求」的心態，我開始不斷搜尋這類「不點交」的法拍屋。

to we know 附近有大學、工業區 不點交也值得一搏

幾年前，我發現法拍市場裡，有一間高雄海專路附近的物件，鄰近海洋科技大學，不愁沒有租客來源，但因為是「不點交」的物件，願意出價的法拍客不多，在沒人搶的情況下，我當時取得的價格，真的超低！我先後買了這棟舊公寓二樓的兩個物件，一間 19 坪的，我花了 85 萬買，另一間 23 坪的，則要價 101 萬，平均單坪取得價格約四萬多。有多便宜？一比就知道，當時附近有點交的法拍屋，

一坪起碼要五萬以上，一般中古屋價格，則單坪最高要賣六到七萬，相較之下，我的總價起碼省了幾十萬！

　　我著眼的，當然不只是便宜，而是這個投資標的搶手性，從交通上來看，這附近不但有大學，還有楠梓工業區，在這一區上班的人多，自然有租屋需求，而我看上的公寓二樓，又是舊公寓物件中最搶手的樓層，往上的樓層太高，爬樓梯太累，相較之下，較不受到歡迎。

　　買下之後，我把 19 坪的，改建成四間套房，23 坪的大一點，則隔成五間套房，再以每間套房 5,000 到 5,500 元的月租，出租給附近的學生與上班族，最後我把整理完成的房子附帶租約一併賣出，85 萬買到的 19 坪物件，我賣了 230 萬，101 萬買到的 23 坪房子，則賣出了 250 萬，轉手之後，獲利高達一倍！

　　聽起來這麼好康，但是這裡頭其實還是暗藏著風險，首先，一般有點交的法拍屋，雖然貸款成數不如一般中古屋，但仍可跟銀行商量貸款，但不點交的物件，因為屋況不明，成交後的爭議較多，因此，銀行幾乎完全不承貸，換言之，要買這類物件，幾乎要用全額現金來買，口袋也要夠深才行。

先與住客好好溝通
　　　　　　商量酌付搬遷費用

　　其次，要談到最棘手的「海蟑螂」問題，關於這一點，大家都略有所聞，這種趕不走的住客，可能是被法拍的當事人，也可能是法拍屋的屋主把房子租給房客，由於房客手上拿著租約，要叫人家搬走，恐怕也得費一番功夫，但更可怕的就是不知道哪來的住客，死皮賴臉不走，甚至有人會耍流氓。

　　以這次的物件為例，我買了第一間 19 坪物件時，就知道當時裡頭有人住，於是我親自登門拜訪，為了避免爭議，我沒破門而入，而是先詢問鄰居屋況，得知法拍屋主已經跑路到大陸去了，而當時住的，是法拍屋主的兒子，他雖然沒有天天出現，但是至少都會來打掃，於是，我選擇留下紙條，告知住客我已經買了這間房子，而且擁有這間房子的所有權，希望他能主動跟我聯絡。

　　果然，兩天後他打電話給我，我也立刻約他出來談，他說因為經濟不好，希望我能給他時間搬走，雙方在議定

搬家日期後，他也願意簽下「同意自行搬遷切結書」，上面清楚寫下他最後搬遷期限。這當然是最好的狀況，因為住客自知理虧，我付給他一定金額的搬家補助之後，願意自行走人；萬一他不肯走，我也不是束手無策，畢竟我是合法屋主，倘若他繼續無償佔用，我也可以告他「竊佔罪」，眼見惹上官非事情更大條，大多數的住客都會自行走人。

碰上惡劣海蟑螂？
訴諸法律莫驚慌

整體而言，我建議，碰上可以好好說的住客，就是給一筆合理的搬遷費用，讓大家可以好來好去，但這筆錢該怎麼給，才不算被敲竹槓？根據一般行情價，要從房子的價值來算，通常每一百萬可以給約三萬的搬家支出，以此類推，這可以被視為買這類「未點交」物件的固定支出，畢竟當初取得的價格就比較低了，多這筆搬家費用也算在可接受範圍之內。

　　萬一碰上說不聽的，怎麼辦？這時，千萬不要驚慌失措，更不可以被住客看破手腳，以為你急於處理，而有機會獅子大開口！我之前就碰過有人一開口，就要我給 30 萬搬家費，我一聽，心裡 OS：「媽的，搶劫啊！」內心不爽給，但還是先好說歹說的表示，大家都是和氣生財，但對方一怒之下，居然反嗆我：「居然給的比乞丐還少！」於是當下我就表明不可能付這筆錢，而海蟑螂不甘示弱的表示，要破壞房子，甚至用水泥把馬桶塞住。

　　我也碰過直接把鋁窗的軌道大肆剪斷破壞，導致最後完全無法使用的情形，看到這裡，大家一定記得，我之前分享過，因為工作的關係，我有自己的工班，而且我本來就打算隔間改成套房出售，因此，我根本無懼他們的威脅，反而耐著性子跟他走法律程序。

　　從法律程序解決問題，真的有這麼麻煩嗎？其實不然！我到法院刑事偵查庭提告，不到兩個月，海蟑螂就會被起訴，接著收到傳票出庭，萬一他置之不理，就會直接變成通緝犯，試問，誰想惹這種麻煩？有了這些處理的基本法律策略，對我來說，「不點交」的法拍屋雖然需要多花一點時間處理，但絕不是處理不了的難題。

設定成本預算
　沉著低進，才有利可圖

　　不過，問題還是回歸成本問題，物件本身的體質，一定要夠好，也就是要有未來增值性，才有必要為了取得這個物件，承受過程中種種麻煩的過程；此外，千萬不要接受住客獅子大開口，這時，態度堅定很重要，這種海蟑螂，當然都不是善男信女，不過，為了一個本來就不屬於他們的房子，搞到吃上官司，他們也知道自己站不住腳。

　　我常常跟朋友說，以做小偷的人為例，他們很清楚知道自己會面臨的風險，因此，他們絕對不會跟被偷的屋主正面遭遇，而霸占法拍屋居住在裡面的人也很清楚，他們於法、於理都有虧，更何況法拍物件的價值都不高，他們更犯不著以身犯險！

　　買這類物件，只要心態夠篤定，有了心理準備，接下去，就是要好好跟他們斡旋談判，而最重要的談判底線，就是除了該給的搬遷費用之外，絕對不要給他們一塊錢，否則，便宜買的房子，最後都給了海蟑螂，那就枉費了冒

險買這種「不點交」法拍物件的本意了，設定好最終成本
預算的上限，很多事情就豁然開朗了。

　　也許你會說，如果萬一房子被搞得一蹋糊塗，卻沒像
我一樣，有自己的工班或足夠本錢裝潢，碰上窮凶惡極的
海蟑螂怎麼辦？這要視每個人承受風險的能力，如果真的
沒有心臟跟海蟑螂斡旋，或是希望買到的是可以安全點交
的物件，這類投資物件，也許就不適合你，這種錢也不是
人人能賺！

第五章

停車位批發價收購！
「投報率」自享營收
也能當成商品賣

勇敢

　　想投資賺錢，人同此心，心同此理，但要怎麼選擇標的？就是一門大學問了！如果不想做白工，到頭來白忙一場，聰明挑選投資物件，當然就是最基本的入門功課，我建議大家，可以用數字說話，把看中的投資標的報酬率算清楚，能不能有利可圖，答案就呼之欲出了。

人潮就是錢潮！
看準標的，穩賺不賠，先算投報率

　　2012 年，當時我透過一個房仲好友，得知一個停車位的投資機會，一開始，我也是半信半疑，「光投資車位，就有錢賺嗎？」我跟大家一樣，覺得好像有點風險，不過，轉念一想，我決定把投資風險化成數字解讀，按按計算機一算，發現這個投資報酬率超高的標的，真的值得投入資金一試！

　　這個位在高雄市壽昌路的大樓，因為建商保留了 16 個機械車位，卻一直沒有賣掉，透過仲介得知這個機會，我先到附近的商圈走了一圈，發現附近大樓林立，對停車需求市場不小，因為旁邊就是以前的尖美百貨，人潮就是錢潮，買了一定可以成功出租，看好出租商機，接下來，就是成本計算的問題了。

　　首先，我打聽了附近行情，周遭的停車位價格，全新的一個 70 萬，而舊一點的，也要 20 多萬，這 16 個車位，算起來起碼應該要賣 300 萬，但建商卻急於出脫，總價只賣我 180 萬，換算下來，一個車位不到 12 萬，光帳面算下來，我就知道有賺頭，眼看機不可失，我立馬投入資金。

銅板起家、**房**事煉**金**實錄 ／第五章
停車位批發價收購！「投報率」自享營收 也能當成商品賣

勇敢

低價購進 16 個車位
投報率高達 17%

　　有沒有覺得很奇怪？建商放了這麼多年沒賣，一定是想要待價而沽，大賺一筆，為什麼最後願意低價賣出？這就得回歸停車位的貸款問題來討論！因為投資停車位跟房子不同，停車位屬於附屬空間，不能單獨貸款，所以，要投資必須全都用現金購入，但一次要買 16 個車位，很多人都會裹足不前，而我細算之後，覺得 180 萬的總價，還在可接受範圍之內，最重要的是，這背後的投報率，實在很誘人！

　　簡單來算，一個機械車位出租，可以賺進 1,300 元，16 個車位，一個月進帳 20,800 元，建商一次賣 16 個車位，還大方附贈一間 6 坪的小套房，我也一併出租套利，一個月還可以多賺 5,000 元，加總起來，我花 180 萬投資後，每個月可以進帳 25,800 元，這樣算下來，我的投資報酬率，居然可以高達 17%！風險幾乎趨近於零，當然一定是穩賺不賠的投資標的，至此，我更確信「報酬率投資法」的萬試萬靈，算準投報率之後，就蝦咪攏不驚！

　　不過，怎麼才算好的投報率標的？計算還是有一個基本準則，我通常只投資報酬率在 10%上下的標的，因為這裡頭還得扣掉成本，一般來說，10%的報酬率，如果有跟銀行貸款，起碼扣掉 2%的銀行利息支出，另外還得計算貸款的手續費與其他的衍生費用，以這個停車位為例，還必須找人幫忙管理，因此，我還得扣掉 3%上下的雜支，如此一來，我起碼還可以賺到 5%投報率，這樣的報酬率，高嗎？跟銀行活儲利率不到 1%，定存也不到 2%比起來，當然很不錯。

 　停車位投報率：

租金收入
　停車位　　1,300 元 x 16 個車位　= 20,800 元
+　附贈套房　　　　　　　　　　　　5,000 元

　　　　　　　　　　　　　　　　　　25,800 元

報酬率
　　25800 元 x12 個月/180 萬=**17.2%**

一次付清，穩定出租
半年即可回本

　　除了報酬率好，出租停車場，比起出租房子，收入又更穩定一些？試想，租房子給租客，最怕的就是有人不付房租，甚至把房子弄得亂七八糟，但停車費一個月只要一千多，付不出這筆錢的承租人不多，風險也相對比較低，更重要的是，做為房東，我不用另外付出水、電支出，更不用裝潢、附家具，一個月淨賺 25,800 元，一年可以收入約 30 萬，六年就可以完全回本！

　　不過，投資這類停車場物件，也不是萬無一失，除了之前說的，必須完全投入現金之外，還有麻煩的管理問題！我剛說的投資成本，就包含在這裡頭，首先，以這個物件來說，16 個停車位要出租，雖然說有市場，也要靠方法，首先，我的車位出租價格比附近行情低，別人租 2,000元，我只租 1,300 元，當然相對有競爭力，此外，我還自己印了傳單，到附近的大樓，挨家挨戶發，靠著一個人的力量，短短不到一個星期，所有的車位都出租完成。

　　出租之後的問題，我再三考慮過後，決定交給停車場原來的管理員幫忙，一則因為他就近管理容易，二則他對環境也比較熟悉，只是，要人家幫忙，一定要給點甜頭，在 16 個車位順利出租之後，我將第一個月拿到的租金，都給了管理員當代管費用，這對我來說，只是損失第一個月的報酬，但管理員拿到錢，一定願意盡心盡力，直到後來，一有人退租，他還會幫忙找租客，每出租一次，我都會把第一個月的租金收入，再付給管理員，幾次下來，雙方合作愉快，這個投資標的要花的時間不多，但收益卻相對穩定。

● 停車位獲利穩定，管理簡易方便。

 不用裝潢，免水電
　　　　僅有維修管理的開銷

　　其次，停車場雖然不用裝潢，但會有故障問題，尤其我買的是機械車位，幾乎每年平均都要花上 20,000 元上下的維修費用，這筆支出也不小，尤其這 16 個機械車位，建商空置多年，剛開始接手的時候，我的確花了不少錢，好在開始出租之後，機械持續使用運轉，維修費用也慢慢降了下來。

　　像這樣瞄準報酬率再出手的投資法，真的能減少不少投資風險，我跟很多投資客一樣，也特別喜歡套房產品！不過，我賺的，不是單一套房的投報率，而是把投報率當成商品，轉手再賣套利。聽起來很荒謬嗎？那可不！這也是經過詳細計算的投報率投資。

　　幾年前，我花了 232 萬，買了三民區一間權狀約 37 坪的舊公寓，接著再花 90 萬元，總計花了 322 萬，把房子隔成六間小套房，平均一間約 4.5 坪大小，雖然空間不大，但麻雀雖小、五臟俱全，非常適合附近的上班族承租，

我看上的，就是這一區的上班族多，附近還有高雄應用科技大學的學生，有大量的租屋需求，隔間完成過後，果然很快滿租，這筆投資的報酬率，同樣讓我覺得很滿意。

to we know 舊公寓變身套房 轉手「出售投報率」

4.5 坪大小，我一間可以租 6,000 元，六間套房滿租的話，我每個月賺進 36,000 元，算下來，每年收入 43 萬出頭，從當時的成本 322 萬來算，報酬率高達 13%，是不是也屬於十分聰明的投資？但，我著眼的，還不只於這13%，而是這樣的投報率，也有很多人想擁有，只是自己找物件，還要花錢花時間裝潢，實在很耗費精神，我把已經包裝出租的物件，轉手再賣給下一個投資客。

最後，我花了 322 萬投資的物件，賣了 430 萬，約 2、3 個月的時間，我就賺進 108 萬，而新的買家接手後，雖然成本墊高，但投報率仍有 9~10%上下，根據我前面的投報率法則，他還是有利可圖，而我把「投報率」當成商品

賣，不用長期持有，也能靠轉手賣「投報率」，變成「周轉率」賺錢！

　　說穿了，我就是先把「投報率」算出來，覺得可以投資，然後什麼事都親力親為，雖然辛苦，但短期投資就可以賺到相對報酬，當然很划算，因此，我建議大家選擇標的，事前最好把要投入的資本，一一羅列出來，這樣一來，透過簡單的算式，就能一目了然，選錯投資標的的機會，也會大大減少！

 小套房投報率：

租金收入	成本計算
6000 元	購入 232 萬
×　　6 個套房	＋　　　90 萬
----------------------	----------------------
3.6 萬	322 萬

報酬率
　　3.6 萬元× 12 個月 / 322 萬 ＝13.41%

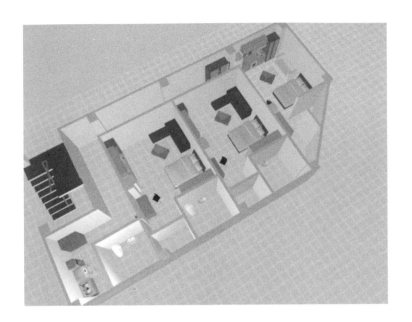

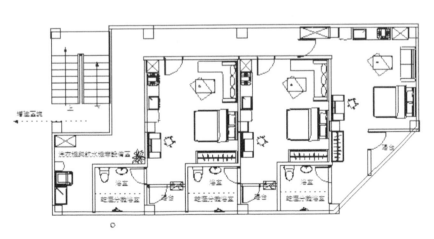

第六章

投資祖厝
耐煩處理繼承紛議
獲利回報更甘甜

勇敢

鄉土劇裡，常常可以看到幾個兄弟姊妹，為了爭取祖厝的產權，搶的你死我活，像這樣的故事，聽起來很老梗，不過，在真實生活中，如果碰上這樣的物件，千萬不要輕易錯過，因為這類物件的屋齡高，但因為持份複雜，這種大家庭的子女都會急於拋售套利，如果加上地段不差，便宜搶進，一定有錢賺！

想買稀有古厝
先要積極布線訊息及人脈

坦白說，這種物件真的很稀有，我如果不是累積了相當人脈，也千載難逢！那要從何找起？我建議，要跟房仲及代書建立一定關係，讓仲介或代書幫忙搜尋類似物件，一旦有消息釋出，某戶要賣這一類有多人共同持分的房子，我通常就會開始放長線釣大魚，先告知這幾個持分的屋主，我有意要購買，希望他們幾個兄弟姊妹商量看看，碰上這類案子，千萬不要「吃緊攏破碗」，通常他們都得

經過冗長的家庭會議討論，甚至會爭執不下，也有人不得不對簿公堂，才能最後確定願意出售，聽到消息之後，再趕緊出價搶進，這就是最聰明的購買時機！

邏輯很簡單，老一輩留下的祖厝，通常都會有好幾個子女共同來繼承，有人對老屋感情深厚，會堅持不肯出售，但也有人眼看長輩走了，自己也不可能入住這樣的老房子，還不如賣了獲利了結，在兩派人馬互相僵持不下的情況下，通常會採取多數決的方式，決定這個物件的出售與否，因為根據土地法 34-1 規定，「共有土地或建物之處分或變更，除法律或契約另有規定外，以共有人過半數之同意行之」，換句話說，只要有一半以上的人同意賣，就算仍有人反對出售，也不得不同意。

幾年前，友人介紹了高雄文藻大學附近一個三合院物件給我，這就是典型的祖厝宅，當時，這間屋子的產權屬於 13 個人所有，要買這樣的物件，等於有 13 個屋主，很多人一聽就退避三舍，不敢隨便碰產權這麼複雜的物件，但我想了想，深覺其中有很多投資空間可以介入，於是決心拿出現金奮力一搏！

產權持分複雜
找對 key man 關鍵就好解

　　一開始，這 13 個所有權人，跟我想像的一樣，一家人意見分歧，對於要賣不賣，根本拿不定主意，甚至吵得不可開交，但我耐住性子，等了好幾個月，這段期間，這家人幾乎反目成仇，一路告上法院，而我則不斷釋出願意出價購買的意願，跟願意出售的持份所有權人大玩心理戰，讓他們知道有人想買，他們則會更積極的想處理這個祖厝，我一邊釋出消息，但心中卻是不慌不忙，理由很簡單，這樣的物件敢碰的人不多，我一點都不擔心有人會搶，價錢我更是心裡有底，能壓就壓。

　　怎麼會這麼有把握？問題就出在這共有持分的物件多半都是屋齡高，幾乎沒有什麼人釋出，他們也沒有什麼行情參考依據可以開價，加上這些人為了打官司，已經焦頭爛額，根本沒人出面做主拉價，主張要賣的人，能趕快把房子賣了就很開心了，根本無心在價格上多做堅持，看出這類持分祖厝的賺錢商機，我當然緊咬不放，一等官司有了結果，我馬上要出價買。

　　雖然法院根據多數人的主張，判定這間祖厝要賣，但，賣家人多口雜，一開始議價，還是碰到了一些困境，我出了一坪 16 萬的價格，原本賣家想要拉價，這時候，我立刻表示，這間祖厝老舊，價值本身就不高，加上持分的人多，情況複雜，願意買的人不多，我出的價錢已經十分公道，不斷斡旋協調的結果，這些共同持份人眼看非賣不可，幾經爭執討論，也決定不要再往下拖，房子能賣就快賣，於是我輕鬆買到這間祖厝。

to we know 半數以上同意 「多數決」解套出售紛議

　　我嘴上說，這物件乏人問津，但我心中雪亮明白，它有極高的投資價值！首先，它位在文藻大學附近，有學生就有商機跟人潮，這樣的物件當然有錢賺；其次，我取得的價格，也遠遠比附近的土地來的低，誠如我跟這個家族議價時所說的，這樣的老房子，當然沒人會買來住，它只對住了多年的老一輩有意義，但我著眼的是這塊地的未來前景。

　　從價格來看，我一坪用 16 萬取得，但附近行情的銀行估價，早就站上 30 萬，我用幾乎半價買到，當然是買便宜了，因為熟知房地產的人都知道，一般銀行的估價，通常比市價來的低，也就是說，這塊地的市價，一定比 30 萬來的高，這樣一算，我為什麼肯花錢買這麼麻煩的多人繼承持分祖厝，答案應該不言可喻了吧！

　　於是，最後我用一坪 16 萬的價格，買到 163 坪的土地，總共花了我 2,680 萬，像這樣的老房子，我只能貸款五成，這樣聽起來，好像得投入一千多萬，才能投資這樣的物件，但事實卻不是這樣！我之前有提到，這間祖厝在銀行的鑑價，一坪估約 30 萬，也就是說，對銀行來說，這房子可以賣到的價值，是一坪 30 萬乘以 163 坪，因此它在銀行眼中的價值，高達 4,890 萬，貸款以五成來算，可以貸到了 2,445 萬，所以，如果方法用對了，實際拿出來的現金只有 235 萬。

攻心為上！耐心等待
趁亂才能用低價買到

　　雖然這塊地，卡在奢侈稅，我還在養地中，不過，從銀行鑑價和附近價格來看，這樣已經賺進超過一半的利潤，這樣的投資，誰敢說不聰明？但是這樣的投資，真的不是人人都敢，首先，手頭上的現金要夠，因為像這樣的資深祖厝，銀行通常只願意核貸五成，現金流不夠，千萬不要碰！此外，這麼多人持份的房子，要等大家有共識，一定要花不少時間，千萬急不得，要拉長戰線跟這些人耗，切記，等久就是你的，要賺錢就要有耐心。

　　其實，這個議價過程，最重要的是「說服」！舉例來說，我也投資過祖傳的店面，同樣有多人持份，這個位在高雄新民路的物件，有 9 個人共同持有，但這次的坪數不大，只有 15~16 坪大小，就算拿來出租，一個月租個 3 萬，均攤下來，一個人也分不到幾千塊，還不如把店面賣了，大家可以各自拿一筆錢，看準這群人的心理，我花了不少時間說服，不斷的重複遊說，要他們把房子賣，獲利了結，也好過一個人每個月只能不痛不癢的幾千元。

　　這個說服的過程，一定要個個擊破，這麼多的持份人中，一定會有幾個特別難搞，但一定也有幾個急於脫手，我會集中火力，把重點放在願意出售的人身上，要他們去跟其他持份人理性溝通，能不要打官司，就不要打官司，大家都是親戚別計較，沒必要把家務事鬧上法院，讓人家看笑話！以這個個案為例，我利用持份人之間的矛盾，最後成功議價到 765 萬，簡單裝潢過後，我一轉手賣了 900 萬，看似複雜的共同持分祖厝，只要用對方法，都能簡單賺到錢。

　　也許你會說，萬一眾志成城，每一個持分所有權人都要出高價怎麼辦？這當然要挑選過後才能決定！不過，整體而言，這種物件的持有人，年紀通常比較大，所以對於房市行情了解不深，開價本來就相對不會太高，加上物件老舊，他們也沒有信心能賣多好的價錢，看準大家意見分歧的時候，趁亂出價，通常不會讓投資人太失望！

第七章

未保存登記
免稅自住的實質用益最實在

「沒有權狀的房子能賺錢？」我每次分享這樣的故事，都會得到如此回應，但，這是真的！這就像現在很多年輕人不結婚，但同居過著類似婚姻的生活模式，有其內涵，卻無法律關係，從外人來看，這何嘗不是一種沒有最後合法程序的婚姻關係？這樣的例子，也許還不能讓大家完全理解，我就從幾個實際的投資故事，讓大家更了解這種少見卻聰明的投資方式。

建物沒權狀，沒有房屋稅 必要時再辦補登扶正

幾年前，我在高雄科工館附近，看中一間沒有權狀的物件，跟大家一樣，乍聽之下，我也覺得很離譜，想說沒有權狀，買了，真的沒有問題嗎？不過，仔細一問之下，我才知道，這種物件雖然沒有實際權狀，但持有人手上有合法土地權狀，之所以沒有房屋權狀，是源於這個物件年代久遠，當時法令不周全，很多人買了地蓋房子，卻沒有

一併申請房屋權狀，時間一拖三、四十年，屋主也樂得省下房屋稅，所以才沒有申請權狀。

仔細做了功課之後，我還到處詢問附近的鄰居，差不多同時間買地蓋屋的周邊物件，通常只要檢附相關證明，就能取得房屋權狀，不過，即日起，就得開始補繳稅金，換言之，經過這樣的程序，就能得到合法的身分，就像同居多年的男女朋友，最後終於經過登記結婚，變成合法夫妻一般，只差最後一道手續而已！

不過，這類物件在取得合法權狀前，因為沒有法定地位，也可能因為被列為「違建」，隨時可能被列為拆建的物件，只是它的屋齡都極高，就算要拆，也都算是「既成違建」，通常會被公家單位列為「緩拆物件」，而且只要收到拆建通知，只要立刻補件取得房屋權狀，就能立刻扶正，不用再擔心被拆，也因為具有這種「準合法」的地位，很多人寧可先以靜制動，等到真的有通知要拆，或是一定要賣房屋時，才會馬上申請合法身分，否則稅能省就省，絕不輕言變更。

產權不完備，低價求售
議價空間更大！

　　那麼，買這種房子，有什麼好處？簡單的說，因為它的權狀不完全，很多人也不敢輕易嘗試，而且因為沒有房屋權狀，因此，只有土地不能貸款，買這種房子得要全額用現金，也就是說，如果手上沒有足夠現金可以直接買，大多數的人也不會看上這一類的物件，基於這種立場，所以買方可以據此跟屋主殺價。

　　而屋主願意低價出售，也不是沒有原因，以這間屋主為例，因為手頭上缺錢，房子又已經設定「二胎」，欠款的利息重不說，不賣的話，還可能隨時會有被拍賣的危機，與其如此，還不如早早脫手拿到錢來的好，既然手上缺錢，他也不可能拿出一筆錢來補足產權登記，如此一來，我更可以大肆殺價，用便宜的價錢買到房子，要跟大家分享的是，這類物件雖然屋齡老，但 CP 值卻超高！

　　以我看中這間科工館附近的物件為例，它是一間屋齡超過 30 幾年的老屋，雖然土地面積只有 17 坪，但是總共

三層樓的樓地板面積，可使用的空間高達 51 坪，加上外頭還有免費的停車空間，整體的價值極高，而且位於邊間的好位置，採光也好的沒話說，附近還有公園與公有市場，交通便利且機能完備，種種條件，都讓我清楚的判斷出，這是一個值得投資的好物件，更值得一提的是，這種老房子的使用價值高，卻幾乎完全沒有公設，土地持份也很實在，買了當然超划算。

● 未保存登記的建物，多半皆是老屋

實際使用空間大　物超所值！

　　談到土地持份實在，我也想談談我對公設的看法。跟有些人買房子，喜歡華麗光鮮的公設不同，我偏好坪數實在的老宅，因為我喜歡花多少錢，就買到多少東西，把預算花在看不太到的虛無公設上，只會讓投資成本墊高，白白把錢丟到水裡，還不如把坪數買實，將來脫手時，還能增加議價籌碼，賺進利潤，這對我才是最有意義的，所以，我特別喜歡老房子！

　　下定決心之後，我開始議價，而這樣的未保存登記物件，因為產權較為複雜，根本無法貸款購買，願意投資的人也不多，所以在價格的取得上也具有相當優勢，我花了約 270 萬取得，但附近若要買到產權完整的一般正常物件，少說也要四、五百萬，一來一往，我省下約 200 萬，省下了約一半的錢！

　　如果擔心沒有產權？沒問題！只要花個幾十萬，讓房子可以合法補登記，這個物件就再也沒有違法違建的問

題，只是，多數人不知道個中訣竅，當然避之唯恐不及，加上這樣的產品不多，連我這樣熟知門路的人，也只能大嘆可遇不可求，所以，一般人要找到這樣的物件，一定要有門路，像是鎖定某一區域有很多類似物件，一旦有人拋出要賣的訊息，就要不斷打聽，保持消息暢通，並且適時出價，才不會錯過良機。

to we know　小心真違建的潛在風險
避免「即報即拆」陷阱

聽起來這麼好康，但賺頭的確也不小！我在購入這個物件之後，因為房子環境不錯，我把房子讓給媽媽住，看似價值不高，但前一陣子才有人來詢價，一開口，就要用700萬跟我買，扣掉買房子的270萬與裝潢的130萬，如果真的成交，我等於賺進約300萬，更重要的是，我買了房子之後，也沒有立刻去做身分扶正的動作，因為這樣還可以省下每年的房屋稅支出，買的便宜，還可以節稅，這樣的投資，聰明又划算！

買這樣的未保存登記物件，就萬無一失嗎？當然不！這樣的產品，裡頭其實可能暗藏真的違建，有一種情況是建商無法登記，所以一開始就沒有建物權狀，因為建商為了拉抬售價，也省下稅金支出，偷了建蔽率跟容積率，古早的年代裡，很多人買了這類物件，因為偷來的面積都不合法，當然也無法取得合法權狀，如此一來，買了這類物件，豈不是讓自己身陷隨時被拆除的危機中？

因此，我建議買這類未保存登記的物件，首先，要從外觀判斷，如果放眼望去，樓上都是鐵皮搭建，可見都是加蓋違建，可能就會有爭議，一定要確實了解，這些違建鐵皮屋的興建時機，是否屬於即報即拆的違建建物。

這聽起來，的確很不可思議，但早期台灣的建築法令不全，才會讓建商有上下其手的空間，當時的人買房子，其實在意的也不多，只求能便宜買屋，才會衍生日後這一連串的問題與爭議。

也許你會問，只從外觀看，是不是太不保險？沒錯，這個時候，可以從附近鄰居打聽起，因為早年像這樣的透天厝，都是建商買下土地，蓋成一整排的社區型式，如果這一戶是合法的未保存登記戶，其他的也會是同一類型，

確知這裡的物件只要補登記，就能取得產權，那就沒有問題了，慎重一點的話，甚至可以找代書，或是建築師幫忙判斷，並且透過都市發展局，確知使用分區是不是住宅分區，多管齊下的確認之後，就可以大膽搶進，無須再瞻前顧後了！

勇敢

第八章

商務辦公室
場域空間短租
市場逐漸起步

過去，我投資房市，都集中在自用型物件，投資商辦，是我這幾年最新的投資嘗試，不過，一開始，我純粹只是想替自己找間小小的辦公室，腦中根本沒有想要投資的念頭，沒想到無心插柳，居然成為一個新的投資標的，獲利也不差！

(to we know) 上網挑選辦公室 意外買到優質物件

　　一向喜愛便宜法拍屋的我，開始搜尋有沒有適合的辦公物件，因為原本把家中拿來當工作室的空間，愈來愈不夠用了，於是，我興起念頭，想找個辦公室來用。一開始，我也曾經想過要用租的，但仔細一算，每個月的租金，也要個五千到七千元，這樣的支出雖然不算大，但既然手上有現金，不如買間屬於自己的辦公室來的划算？有了這個想法，我開始積極尋找物件。

　　首先，我先透過購屋網站搜尋，我發現高雄原來是一個沒有商辦市場的地方，因為高雄一向以製造業為主，大多數人的工作場域都是工廠，就算有人需要辦公室，大家幾乎都跟我一樣，把家裡多餘的房間，直接拿來當成工作室，把家跟工作合而為一，不過，隨著高雄的交通與建設愈來愈發展，我確信未來的商辦市場，前景無限！

　　因為大家都還沒注意到高雄的商辦市場，我贏在起跑點，連價格也算相對便宜！一開始，我就設定找一間總價約 200 萬的辦公室，不但地段要好，也要醒目，才方便客戶上門尋找，最好樓層也不要太高，免得客戶上門，得搭半天電梯才到的了，會有這些考慮，也跟高雄人的生活習慣有關，喜歡住透天厝的南部人，不喜歡高樓層。就在此時，我在網路上看到一間位在九如交流道附近的物件，幾乎完全符合我的要求，而且離我的住家又近，眼看機不可失，我立刻連絡仲介看屋。

高雄商辦逐漸起步
精選使用效益價值高的好貨

　　看過之後，我更加確定這是我想要的物件，先從物件條件來說好了，這個物件是一棟七層樓的大樓，而我挑中的是地下室一樓，我調出謄本詳細做了功課，它的權狀坪數大約是 60 坪，但最吸引我的，是它的土地持分比一般新屋來的高，類似的物件，土地持份頂多只有 3 坪上下，但這房子因為比較老舊，早期的房子持分都高，以這間來說，居然高達 8 坪之多，大家都知道，土地的價值才是房子的價值所在，土地持分這麼高，將來要脫手，當然奇貨可居。

　　此外，這房子的屋主，就是當時蓋屋建商的兒子，因此，建商的私心自用，這時候，全成了我購屋的利多，因為除了權狀的 60 坪空間外，建商還留了 150 坪的避難空間，依法來說，這是屬於所有住戶共用的公設，但平常其他住戶根本不會用到這樣的避難空間，換言之，買了 60 坪地下室空間的我，等於買到 210 坪的使用空間，這筆帳，怎麼算都划算，於是我開始積極出價。剛開始，屋主一口

開價 220 萬，雖然這跟我的預算相距不遠，但為了省下一筆裝潢費用，我只出了 150 萬，但我心裡清楚，這房子我要定了，於是在出價的過程中，我也用了不少議價技巧。

明明已經符合預算，但我堅持拉低價格，但也留下加價空間，當仲介約我們見面議價時，我也刻意晚到十多分鐘，好讓仲介有機會從中斡旋，我深知仲介急於成交的心理，所以把態度放的不疾不徐，直到賣方鬆口讓價，我才慢慢現身，此時，我開口加價到 180 萬，幾乎已經十拿九穩，勝券在握，果然，最後成交價落在 180 萬，比我預期的 200 萬，足足少了 20 萬。

to we know 小型商務辦公需求夯 自用出租兩相宜

商辦的投資法則，最重要的當然是地段，這個位在九如路的物件，因為鄰近高雄火車站，附近還有未來輕軌線的規劃，做為一個辦公室，這裡完全符合我對地段的要求，但我沒想到，這房子的利多比我想像的更好！

剛剛說到地下一樓的辦公室空間，獨立樓梯小店面出入不複雜，還可以掛上招牌，而且坪數除了我買到的 60 坪，還有避難空間 150 坪，我原本只是想拿來當個人辦公室的空間，突然大了這麼多，一個人根本用不了，於是我想到我最喜歡的投資獲利招數，就是隔間出租，增加投資報酬率，有了想法，我立刻找來工班幫忙裝潢，60 坪大小，我隔成八間小型辦公室，雖然每間的坪數都只有 7 坪多，但對剛剛起步的高雄商辦市場來說，這樣的物件正搶手！

因為很多小型的律師、代書事務所，甚至個體戶的小型網購廠商，都特別喜歡這類辦公室，空間不用大，只要放幾張辦公桌，拉了電話線，就能立刻開始營業辦公，而這裡的使用分區屬於商三，可以登記商業行號，更好康的是，我的租金收的超低，一間只要 3 千多元，扣掉我自己用的一間辦公室，我一共租了七間，每月租金收益近 2 萬，花 180 萬買的房子，這樣的租金報酬，當然讓人很滿意。

低基期卡位自營管理
靜待商機成熟獲利可期

　　至於多的 150 坪避難空間，因為畢竟屬於公共設施，所以盡量拿來供大家囤放貨物，或是提供會議使用，對承租的商辦客戶來說，這樣的空間便宜又好用，誰也捨不得輕易退租，因此，租客流動率也極低，就算租客退租，我也有恃無恐，因為這裡的空間很大，使用的效益驚人，我甚至提供空間對外短期出租，讓有需要的人拿來當成攝影棚，也是一筆不差的收益，能這樣輕鬆使用，主要因為我取得的價格低、坪數大，又只要用輕薄短小的現金就能買到，幾乎沒有什麼投資壓力！

　　不過買這樣的物件，卻還是有一些缺點，首先，因為它位在地下室，通風不佳，我得多花點預算在冷氣空調上，好在我的租客類型，多數屬於常常出外工作的客層，辦公室只是用來處理雜務，或是商業登記用，不用經常留在辦公室裡工作；其次，地下室的照明不足，也是不得不處理的棘手問題，我在設計的時候，使用了不少間接照明的技術，讓室內的照明看起來更柔和一些，因此後來花在

勇敢

裝潢的費用，也高達了 60 萬元。

　　此外，這樣的投資型態，比較適合商業活動剛剛起步的南台灣，尤其是像高雄，過去商辦還很黯淡的時代，就有大家都熟知的八五大樓，當時大家都以為這棟高雄的指標性建物，可以帶動商辦市場，但卻不如預期，導致後來整棟大樓變成民宿的集合地，理由很簡單，那個時候的高雄，根本還沒有商辦需求，建商把北台灣的模式提早南移，當然很容易失敗，不過，現在的高雄變了，小型商辦的需求市場已漸漸開始出現！

　　只是，千萬不要野心太大，我建議，最好跟我一樣，先從小坪數起步，慢慢開始試探市場水溫！不過，對我來說，這一切都只是個意外之喜，本來我只想自己用的辦公室，因為我的勇於嘗試，把 60 坪物件，變成錢滾錢的金雞母，本來要花幾千塊，租個辦公室的想法，卻變成月收兩萬元的投資標的，就算未來想出售，我也評估過這樣的大小，剛好可以賣給一些想要經營小型賣場、小型 KTV、網咖、理髮設計、婚紗攝影的業者，進可攻退可守，自用出售兩相宜，只要繼續等待高雄商辦商機更成熟，未來獲利可期。

● 隔成小型商務辦公室的實景

● 辦公室隔間的設計平面圖、3D 影像製作

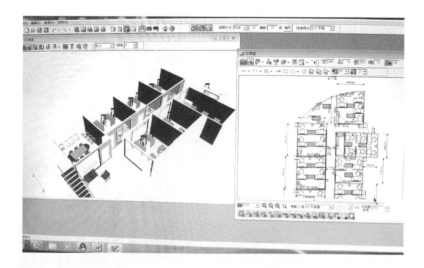

第九章

農地轉作耕植「農舍」
豐收更高獲益的「房價」

2012年總統大選的時候，有個發燒的新聞話題，某位出身屏東的副總統候選人，因為在名下的農地上，蓋了豪華農舍，引發軒然大波，當時很多人第一次聽到，農地不只可以耕種，也能在上頭蓋建物，當時，這名候選人因為非法把農地農舍蓋成豪宅，造成各界質疑，不過，在天高皇帝遠的南台灣，這真的不是什麼新聞，很多人懂得個中訣竅，早就利用售價較低廉的農地，賺了不少錢，接下來兩個章節，我要分享的，就是這種南台灣獨有的農地投資術！

to we know 農地也有春天
變更住宅 耕土變黃金

　　為什麼說這是南台灣特有？住在北部的人，身處都市叢林，寸土寸金，一般土地都不夠用了，哪還有什麼農地？南台灣就不一樣了，過去，台灣以農立國，很多農民擁地「自種」，但現在很多農地長年休耕，因為務農辛苦，且

利潤微薄，不少年輕人都轉往城市發展，不願意在留在家中耕種，但長輩年紀大了，也無力耕作，如此一來，與其把農地閒置不用，還不如出售套利。

但，農地畢竟只能從事農業行為，想要合法蓋房子，卻沒這麼容易！首先，根據相關法令規定，要購買農地，取得具有農民身份的資格，條件也不算太苛刻，只要名下有一分以上的農地，或是成為佃農，有實際幫人家耕種三分地，就能取得農民證；但有農民資格還不夠，要在農地上蓋農舍，一定要買下 2.5 分以上的土地才能蓋，而且不是整塊地都能蓋，畢竟這是提供農地用的農舍，名義上的功能，是提供農民放置農業用機具，因此，2.5 分以上的農地，只能有十分之一可以蓋農舍，以 2.5 分地來算，最多只能蓋 75 坪上下的農舍。

這樣的農舍，當然不能蓋成像之前這位候選人的豪宅，連高度也只能蓋到約 7~8 公尺，足以放置機具的樓高，如果超過，農業相關單位來驗收時，恐怕都很難過關，而且既然只是農舍，不是私人豪宅的花園，也不能搭圍籬，這樣聽來，規定相當嚴格，如果買了農地，想要蓋成私人住宅，好像沒這麼容易？不過，南台灣很多人買了農地，還是有不少上下其手的空間！

不花大錢就能圓夢！
農地 1/10 可「巧妙」變豪宅

　　我有不少朋友深諳此道，而且花了不少時間做功課，好友老陳就是個中高手，他前年才在屏東萬丹買了一塊農地，因為這塊地距離交流道不遠，交通機能還算不錯，一直懷抱農村豪宅夢的老陳，眼看機不可失，一口氣買了五分，換算下來，大約有 1,500 坪，這麼大的土地，拿十分之一來蓋農舍，也有 150 坪！

　　這麼大的土地，蓋成透天厝，當然是豪宅，他親自打造的透天厝，從平地起家，裡頭想怎麼裝潢，就怎麼裝潢，外頭的千坪農地，仿若他的自家花園，不耕作，也能種些花花草草，住起來當然賞心悅目，退休之後，住在這樣的世外桃源，實在讓人艷羨，更重要的是，這樣的豪宅高貴不貴。

　　不信？算給你聽！這塊超大農地，一分賣 100 萬，五分地要價 500 萬，老陳大手筆花了一千萬蓋房子，佔地 150 坪的透天厝，起碼可以蓋個兩到三層樓，這樣的豪宅規

模，只花了老陳 1,500 萬！聽起來是不是很誘人？南台灣一般的透天厝，要蓋到這種大小，還有千坪綠地花園，起碼得花三、五千萬，但老陳卻能輕鬆坐擁豪宅，不費吹灰之力。

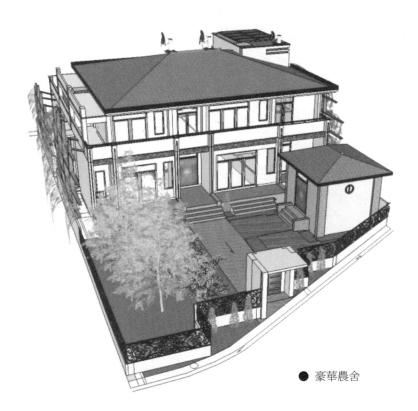

● 豪華農舍

農地只能蓋農舍
法律漏洞成為變身關鍵

　　但，問題來了，其實農地規定，上頭能蓋的只有農舍，像上述提到的候選人，以及我的好友老陳，其實是鑽法律漏洞！因為農舍只能放農具，不是拿來住人的，但聰明如老陳，只要一蓋完建物外觀，立刻請農業相關單位的人來驗收，只要外觀看起來符合農舍規定，裡頭他們通常不會太仔細勘察，而且只要過關之後，政府也沒這麼多時間跟精力，不斷派人來複查，如此一來，檢驗過後，老陳再大興土木，把農舍變成豪宅，就能一圓美夢。

　　還是必須要把醜話說在前頭，這畢竟還是農地上的農舍，改成大型自用住宅，還是不合法，跟違建一樣，萬一遭人檢舉，還是即報即拆，風險還是存在，當初這個被投訴的候選人，就是因為樹大招風，才遭到對手陣營檢舉，一般人雖然不見得會有這樣的敵人，故意檢舉給你難看，但鄰里關係萬一做不好，還是有被舉報的可能，投資這類豪華農舍，還是得小心為上。

不過，如果真的想要合法在農地上蓋房子，還有妙招！我另一位也很喜歡投資農地的朋友小李，做了多年仲介，他偏好價格輕薄短小的農地，還不斷精研農地投資策略，他發現一種聰明的「集村農舍」投資法，只要眾志成城，團結力量大，也能把農地變成建地，蓋成自用住宅！

to we know
湊足條件資格門檻
　　　農地就能合法變住宅

怎麼做？很簡單！根據法令規定，只要在同一塊農業用地上，集合二十個以上有農民資格的土地持有人，同時提出申請興建開發住宅，申請為集村農舍建築用地，就可以在農地上合法的蓋住宅，讓農地上蓋出一片集合式住宅。這種投資方式，聽起來很神奇，但，在南台灣很常見，尤其是熟知門路的建商，特別喜歡這種方式，因為南台灣的地比北部便宜，眾所周知，但農地更是便宜中的便宜。

我的朋友小李，自己是仲介，也投資了建設公司，他的方式很簡單，先透過人脈找了二十個農民當登記名義

人，用他們的名字分別買下幾塊相連的農地，取得農地所有權之後，再以農地權狀申請變更成農村建築用地，如此一來，就能合法取得蓋建物的建築用地資格，把農地蓋成連棟的透天厝，然後再以建物價格出售，因為取得的價格便宜，轉手賣出，通常利潤驚人！

　　舉例來說，他在屏東內埔找了二十個農民登記名義人，花了兩、三百萬，買過一塊大小約兩分多的地，換算下來，約 700~800 多坪大，小李一口氣蓋了二十棟透天厝，一間土地面積 35~45 坪大，但農地變住宅之後，價錢真的好到讓人難以置信，一間可以賣到 800 萬上下，扣掉建築成本 500~600 萬，保守估計，一間可以賺到約 200 多萬，二十間賺進 3~4 千多萬，扣掉買土地的 200~300 萬，還是有 3000 多萬左右的利潤，這麼好康，全因為農地便宜，就算建築成本再高，也不怕沒賺頭。

to we know 農地合法蓋透天 也要顧及耗時費資與銷售的問題

　　不過，這種投資法，還是有限制，最重要的，是要有足夠的現金流！因為要找上符合資格的登記名義人，當然要花點錢，此外，農地蓋屋平地起，得花不少資金在建築成本上，這也要一併考量進去，因為這些成本不低，而在南部蓋屋，通常無法以預售的方式先賣出，而這種投資方式，最適合有建商背景的投資客，用人脈錢滾錢，才能賺進大把鈔票。

　　另外，一次要像小李這樣，要賣二十棟透天厝，可不能只靠房仲幫忙，有建商背景的投資客，才能用廣告行銷的方式，把物件包裝成有規劃的社區物件，以吸引更多購屋者的眼光，這些都得花錢、花時間。

　　最後，還要提醒大家，這種高利潤的農地投資，從買地到蓋屋，甚至最後出售，跟我之前說的幾個投資方法比起來，它需要耗費更多時間，去經營人脈、興建房子，因為費時費工，一定要耐得住性子，因為這已經不是單純物

勇敢

件標的之買賣投資，而是更有計劃規模的開發投資，如果你跟我的朋友一樣，願意用時間換取利潤，做足功課再出手，一定也能有所斬獲！

● 農地集村農舍興建。

第十章

農地進階投資！
露營休閒農莊
興建廠房、倉庫

勇敢

前一章，我們談到農舍變成住宅的方法，儘管有些方式不合法，但因為農地取得的價格低，蓋成房子，怎麼算都划算，但如果想買農地賺錢？這一章，我要跟大家分享的，是更聰明的投資招數！簡單來說，投資農地的利基，就在農地比建地便宜，就算干冒奇險，也值得一試，只是風險的承受能力，人人不同，能不能依樣畫葫蘆？就像電視廣告說的，投資必有風險，要看心臟夠不夠大顆，我僅提供一些朋友成功的經驗，讓有意買進的投資者參考。

to we know 農地規劃成露營區 不用裝潢，年收入百萬

買農地蓋房子，固然可以賺錢，不過，萬丈高樓平地起，要花的投資成本，當然不算低，以前一章舉的例子，蓋個透天厝，都要個幾百萬，當然不是小錢，但省下了這筆建築成本，還有錢賺嗎？我的朋友老張的故事，就是一個便宜買農地，幾乎沒花一毛錢，就能成功獲利的例子！

「沒有祕訣，只要找對地點！」老張對農地做了很多功課，他深知如果便宜買了地，就算花費成本蓋了房子，還是必須承擔被拆除的風險，於是，他考慮再三，決定買有觀光資源的風景區農地下手，這些地區的土地，因為用途受限，沒有增值空間，因此多半售價都很便宜，買來要蓋民宿，當然是一招，只是風景區競爭激烈，而且有些地區還是限制開發，或是要蓋的很有特色才能吸引客源，這樣的成本更是難以估計，於是，老張決定買墾丁附近的土地，而且什麼都不蓋。

乍聽之下很詭異，但老張算盤打的很精，他有幾個朋友，特別喜歡帶著一家人到處露營，他們喜歡這種接近大自然的原始玩法，大人小孩都開心，瞄準這股商機，老張花了兩百多萬，買了 900 多坪的農地，再用極微薄的成本整地，把 900 多坪的農地，隔成一塊一塊的露營區，有的地方鋪上草皮，有的區域加設木板，在以農用的名義，申請了水電，讓露營的民眾可以使用。

只賺周休二日和旺季
墾丁購地兩年就回本

　　老張施工分隔過後，平均一個區塊只要十多坪，這個大小，不但可以搭帳篷住一家大小，也可以停放來露營的車輛，這對來度假的家庭來說，已經萬事俱全，甚至還可以烤肉、休憩，老張一開始規劃時，只覺得這樣的露營場地有商機，沒想到，露營區很快地大受歡遊，幾乎每個周六、周日，這塊露營農地都擠得滿滿滿，上門的客人不預約還沒位置，利潤也高得驚人。

　　老張算過，每個來露營的家庭，只收 500 元的清潔管理費，30 個露營區塊，每天收入 1.5 萬元，一個周末賺進 3 萬元，一個月就有 12 萬元的進帳，以一年有一半是艷陽高照的南台灣來看，起碼可以賺半年，那麼整年賺到 72 萬，只是最低估計值，因為碰上暑假，幾乎每天都爆滿，當「春吶」的年輕人客源湧入，更是擠到老張應接不暇，每年賺個一百萬，真的是輕而易舉。

　　更讓人佩服的是，這樣的農地不用蓋房子，就連管理也很簡單，老張只要聘一個管理員，只要把每天進來的 30 組客人帶領到位，其實也不用花什麼時間精力，客人走了之後，再將空地打掃乾淨，輕輕鬆鬆，連人事支出也輕薄短小，一年賺進一百萬，不用三年，就可以回本，剩下來的經營，都是淨賺的利潤，老張靠著這塊農地，年收入比很多上班族高太多了，這樣的投資，簡單又輕易，這在南台灣已經有不少人仿效，蔚為風潮！

 農地改露營區營收：

清潔費月入	年收入
500 元	月收 120,000 元
× 露營區　30 個	×　　旺季 6 個月
-----------------------	-----------------------
15.000 元	720,000 元/年
× 周休　　2 日	
-----------------------	**再加上（暑假、春吶）**
30,000 元	-----------------------
× 一個月　4 周	**年賺百萬**

120,000 元/月	**兩年還本**

銅板起家、房事煉**金**實錄 ／**第十章**
農地進階投資！露營休閒農莊 興建廠房、倉庫

勇敢

● 利用土地創造露營休閒商機

 農地興建工廠
　　　低價吸引頭家趨之若鶩

　　投資農地，還有人不蓋農舍，蓋成工廠！我們前一章談到，很多人在農地上蓋屋，讓農舍變成豪宅，使用面積寬敞又舒適，還有一派的投資客，買農地設計成廠房，猛一看，跟人住的豪宅，當然截然不同，像是農舍的外觀，裡頭可以放入一般工廠用機具，或是拿來當一般工業用的倉庫，使用方式變化萬千，想怎麼用就怎麼用。

　　我的仲介好友小丘，因為深知高雄仍是一個以製造業為主的市場，但很多小型廠房老闆，不想花大錢買工廠，只想有個小小的廠房安身立命，生產、倉儲一條線，於是，他專門找工業區附近的農地投資，花少少的錢，卻有大大效益，一路做下來，為他累積了不少資本。

　　幾年前，他開始第一個農地投資，當時高雄燕巢附近有工業區，但面積不大，價格也不低，他從同業那兒聽到，有一塊專種鳳梨的農地要買，一分多的大小，換算下來，

勇敢

大約是 300 多坪的農地，售價不到 100 萬，一得到消息，小丘知道，他的機會來了！他把這塊農地，隔成 6 個鐵皮屋，一間大小約 50 坪，這對很多小型工廠來說，空間已經綽綽有餘了，雖然這樣的農舍變工廠，屬於非法違建，但跟之前說的農舍一樣，只要一開始獲得核可，後來複查的機率不大，仍然屬於相對聰明的投資！

to we know

違建報拆風險轉嫁
為搏競爭中小型工廠仍願冒險

不過，我必須提醒大家，這樣的投資方式，還是有風險存在，因為這樣的工廠是違建，萬一資本投入，還是有即報即拆的危險，如果遭到鄰居檢舉，還是可能血本無歸，但小丘賣這樣的物件，都會先讓買家知道風險所在，銀貨兩訖，與人無怨！也許大家都會問，這麼危險，為什麼還有人會買？我會說，殺頭的生意有人做，賠錢的生意，卻沒人幹，一間 50 坪的工廠，只賣 100 萬，在高雄也是絕無僅有，小型廠家趨之若鶩，小丘用低價賣出，也把風險釋出，大家白紙黑字寫明合約，誰也沒有話可說。

　　小丘取得的成本 100 萬，六間廠房，一間要花 20 萬蓋鐵皮屋，整體的成本支出 220 萬，但小丘動作很快，每間以 100 萬賣出，六間賣了 600 萬，扣掉成本 220 萬，他可以賺進約 380 萬，從買到賣，只花他幾個月時間，短進短出，這樣的利潤，誰說不吸引人？靠著精準的眼光，小丘現在房仲不做了，專心做農地改工廠的生意！

 農地改建工廠投資獲利：

收入　　　　　　　　　　　成本

50 坪（工廠）100 萬／間　　300 坪（農地）　100 萬
×　　　　　　　　6 間　　＋　　建築成本　120 萬
--------------------------------　　--------------------------------
　　　　600 萬　　　　　　　　　　220 萬

淨利
　　（收入－成本）600 萬－220 萬＝**380 萬**

● 農地興建工廠，賺取租金，
　或是轉賣賺取價差。

廠房興建成本低
仍要配合交通臨路環境才好賣

　　要挑這樣的農地物件，蓋成廠房，也不是隨便挑塊地方就好，還是有很多複雜的條件限制，比如小丘買的燕巢這塊地，它在工業區附近，所以有聚集經濟的效益，可以吸引更多客戶上門；此外，這附近的交通方便，鄰近交流道，對工廠來說，物流進出便利，臨路的大小，一定要是3.5 噸大貨車可以進出的空間，否則將來進出貨物，還是一大問題！簡而言之，如果農地的交通便利、地段夠好，加上價錢又比工業區便宜，很多中小型工廠都願意承擔風險，花個 100 萬，就算被拆了，也願意自認倒楣算了。

　　總結兩章的農地投資，就是掌握農地取得便宜的優勢，想盡辦法，把使用效益發揮到最大，而要賺錢，最好還是能像以上兩個例子一樣，把建築成本壓到最低，像是露營區不用建物，甚至不須裝潢，而工廠只要有鐵皮堪用，讓機器生產可以進行，都是把成本降到最低，就能聰明賺進利潤的好方法！

勇敢

第十一章

小確幸！
農場新貴的社會福利
省愈多、賺更多

銅板起家、房事煉**金**實錄 ／**第十一章**
小確幸！農場新貴的社會福利 省愈多、賺更多

勇敢

買 房子買土地賺錢，是我整本書要跟大家
分享的最高原則，不過，這一章我要跟大家
分享，買了不住的土地，也能賺錢！聽起來很詭異？
但，相信我，這是真的，因為有時候土地的價值不在
轉手套利，而是靈巧運用，這一章，我要談的還是農
地投資，有的買了，我連看都沒看過，可以幫我省下
一大筆開銷，有的買了，放著不用管，只要收錢數鈔
票就行。

買地變身自耕農
全家健保變農保

之前就跟大家分享過，農地的價格便宜，所以拿來投
資，不管合法不合法，都有利可圖，就是看了很多朋友的
投資故事，我自己也很心動，一直在思考能不能仿效一
番，也賺點投資利潤，要怎麼投資？就這麼巧，我意外發
現，不只農地能賺錢，變成農民之後，還可以大省一筆！

幾年前，我跟太太討論到家中的勞健保支出時，意外發現像我們這樣的五口之家，每個月要花在健保的家庭月支出費用，居然高達近五、六千元！這數字，讓我大吃一驚，身為企業主的我，雖然這筆支出，對我們來說，還在可以負荷的範圍之內，但我還是忍不住開始思考，要怎麼把這筆支出降低，這時，我聽朋友說，除了軍公教之外，相關勞保、健保的保費，目前繳付額最低的，就屬農保！

聽到這樣的消息，我喜出望外，開始思考如何把「勞」保轉到「農」保省錢，因為農保一個人每個月只要 78 元，五口之家，大約只要繳 300 多元，如此一來，我們的家庭支出，一個月就可以省下 4,600 多元，這樣的數字差距，立刻振奮了我，於是我開始做功課，查看有什麼樣的條件，可以轉變成為「農」保戶。「怎麼會差這麼多？」這個問題，我一開始，跟大家一樣都很好奇，這是國家對農民的照顧，因為有了這個規定，想省錢如我，也有了可以從中插足的空間。

● 農保證明

保費年省 5.5 萬
兩年還本，放愈久省愈多

　　首先，我發現符合農保條件的人，名下必須要有一分地，或是成為佃農，幫人家耕種三分地，對我來說，成為佃農，當然有一定程度的困難，不過，買塊小農地，似乎就簡單多了，於是，我透過拍賣買了一塊價值約 10 萬的台南農地，價錢不高，坦白說，這塊地在哪裡，我現在也不是很清楚，只是空置在某處，它的功能純粹是讓我成為一個擁有農民資格的農保戶，而我的家人，也都順理成章成為了農保戶！

　　能省多少錢？我算了以後，覺得實在有夠划算，因為每個月省 4,600 多元，一年下來，我就能少付 5.5 萬左右的健保費用，大約兩年左右，我就可以省回 10 萬的買農地費用，換句話說，這塊農地放著不用，第三年開始，我等於每年賺 5.5 萬，放愈久省愈多，這樣的投保方式，其實有花時間做功課的人都知道，只是要花一筆錢買農地，很多人都覺得麻煩，但數字會說話，這樣的投資，無疑是

生活中的小確幸，每每看到家中的保費支出，我都覺得這筆農地投資，實在很值得。

　　因為無論如何，這對我來說，都是穩賺不賠的投資，就算這塊地永遠不會漲價，我也不以為意！更何況，台灣的土地，只會愈來愈少，雖然目前的農地不能蓋房子，只能建農舍，但誰知道會不會有一天政策變換，甚至農地變更地目，那豈不又是一筆意外之喜？

 五口之家買農地省保費：

$$
\begin{array}{rl}
 & \text{健保 } 5,000 \text{ 元} \\
- & \text{農保　} 400 \text{ 元} \\
\hline
 & \text{月省 } 4,600 \text{ 元} \\
\times & 12 \text{ 個月／年} \\
\hline
 & \text{（約）　省 } 5.5 \text{ 萬}
\end{array}
$$

　兩年回本

買農地省保險費
經營開心農場還有錢賺

　　買農地不蓋房子，如果真的覺很可惜，還有招！我有次跟一個在台糖工作的朋友聊天，意外發現台糖大概是除了土地公，台灣最大的地主，南台灣很多空地，都屬於他們名下，而且因為土地太多，他們常常要出租套利，但價錢很便宜，聽了朋友的說法，我開始很心動，開始思考有沒有從中賺錢獲利的可能。

　　以高雄來說，在仁武、旗山一帶，很多大型農地都是台糖的，好友幫我留意了好一陣子，終於捎來好消息，在仁武附近有塊農地很適合我。一聽到這個訊息，我立刻開心的要去看地，一到現場，簡直傻眼，整塊農地有八分大，換算下來約 2,400 坪，我心想，這要怎麼利用啊？可是這塊地的租金，一年只要五萬元，真的是便宜到讓人覺得不租可惜，於是，我考慮再三，深知機不可失，決定租了再說！

　　記得嗎？前面曾經分享過，我的朋友買了墾丁的農地，再拿來改成露營區，每個月穩穩收租，獲利十分豐厚，我不斷思索後，終於想出類似的好辦法！這幾年，很多人愛上田園樂，但住在都市叢林中，要找塊地當開心農場，談何容易？但這塊農地的地段優越，鄰近市區，要開車到高雄市區，只要 15 分鐘，對住在高雄市區的人來說，這裡簡直是鬧中取靜的世外桃源，我決定把這塊 2,400 坪的土地，變成一個開心農場。

* 本圖擷取自農業易遊網

● 大面積農場分割小農地，出租作為假日農夫開心農場。

 新流行「現代佃農」風潮
農地地主的懶人獲利新招

　　跟把農地變成露營區一樣，這裡完全不用營建，更不用裝潢，只要挖一個水井，再設置一組電源，用以打水使用，幾乎完全零成本，比露營區更好管理，我甚至不用找專人顧著，因為這些開心農場的農夫，只有周休假日會來這裡享受田園樂，平常這塊地根本沒有人來，管理成本全免，換句話說，我的成本只有每年的五萬租金。

　　再進一步從獲利來看，2,400 坪的農地，我簡單分成了 20 塊農地，一塊地的大小，約莫是 120 坪，這對想要種點野菜的人來說，已經很足夠，每塊農地以每年 5,000 元出租，換算下來一個月只要 416 元，對多數人來說，這價錢輕薄短小，壓力也不算太大，當假日休閒真的很划算。而對我來說，也算是不錯的小投資，5,000 元乘以 20 塊小農地，我一年收入 10 萬，扣掉租金 5 萬，等於淨賺 5 萬，放愈久賺愈多，看起來不起眼的投資，誰也想不到，這樣也能穩健獲利。

　　也許你會說，這錢也不多，真的有投資效益嗎？但想想看，我不用管理，就有錢賺，還能順理成章成為農保戶，又省下一筆保費支出，豈不是一舉兩得，這對喜歡投資成癮的我來說，就是一個聰明而無害的投資，錢賺多賺少倒是其次，這種投資生活中的小確幸，合法讓我省錢兼賺錢，想起來就覺得很爽很開心。

 農地變農場賺錢獲利：

$$
\begin{array}{r}
租金\ 5{,}000\ 元\ /\ 年 \\
\times\qquad 20\ 塊農地 \\
\hline
10\ 萬\ /\ 年 \\
-\ 年租金\quad 5\ 萬\ /\ 年 \\
\hline
每年賺進\ 5\ 萬元
\end{array}
$$

銅板起家、房事煉**金**實錄 ／第十一章
小確幸！農場新貴的社會福利 省愈多、賺更多

勇敢

樂活生活風蔓延
「假日農夫」的休閒商機

　　會有這樣的想法，其實是從很多身邊朋友的需求開始，很多租農地耕種的人，不是想自己種來吃，而是都會生活休閒的地方太少太單調，我仔細看過來承租的客源，還真是五花八門，其中不乏經濟能力雄厚的經營階級，或是公司裡頭的管理階層，當然有更多的退休族群，他們有點閒錢，願意投資更有質感的生活，我發現這市場不小。

　　更讓他們願意付錢的原因，當然是收費不高，我一年才租 5,000 元，平均一個月才只要 400 多元，這樣的休閒娛樂，比起唱歌看電影，或是吃一頓大餐，都還要經濟實惠，更重要的是，全家同享田園樂，有一塊自己的開心農場，這樣的滿足，無價！

　　不管合法不合法，三個章節的故事寫下來，大家一定看出了農地的投資潛力，這種南台灣特有的投資文化，正悄悄地開始流行，我很多以前喜歡投資北台灣房市的朋友，紛紛來跟我探聽投資利潤與空間，不過，看似聰明的

投資方式，還是最好盡量選擇走合法的路線，不然心臟不夠大顆，萬一碰上政策轉彎，還是有可能血本無歸，我提供了方法，大家可以盡量參考，量身為自己打造最適合的投資策略。

＊ 本圖擷取自
農業易遊網

● 都市人流行的假日農夫，開心農場。

第十二章

工業用地投資
買地蓋住宅出售
租地蓋廠房轉租

土地愈來愈稀少，這是大家都知道的事，也因為台灣地狹人稠，才讓房價高到讓人受不了，該怎麼辦？除了前面講的農業用地外，這幾年，工業用地也很受歡迎，因為工業用地的價錢，也比住宅用地來的低，拿來蓋成房子，當然也相對便宜，比周遭的房價，起碼可以打個七折，光這個價碼，就讓不少無力追高的購屋族，覺得大大喘了一口氣，該怎麼投資？這一章，讓大家可以看到一些不同的投資經驗！

to we know
北部經驗南移
工業住宅成為高雄投資新寵

「不只台北，高雄能蓋房子的土地，真的是愈來愈少了！」這種感慨，我在跟朋友吃飯的時候，常常聽到，這也是不爭的事實，房價高的不只有北台灣，隨著各項建設的完成，高雄現在要找塊方正的土地，也不是件容易的事，多數好的地段被蓋成豪宅，差一點的地段，房價也跟

著慢慢起漲，剩下的土地真的不多，現在要買到滿意的房子，且又交通方便的地段，要花更多的成本，這對建商來說，無利可圖，有誰願意？北台灣的經驗，現在也延燒到南部來了。

其實，在台北的大型建商，早就很流行買工業用地，蓋成集合式住宅，但工業用地的地目，就是非住宅用，完工之後，只能用「事務所」的名義申請建照，再蓋成集合式住宅，這類大型住宅計畫的案子，如雨後春筍般湧出，因為價錢比周遭房價便宜了三成上下，對手頭購屋預算不足的購屋者來說，當然是一個成家的好機會，這幾年，高雄也開始颳起一股工業住宅旋風，跟北台灣不同的是，高雄的工業住宅，還是以南部人最愛的透天厝為主。

一般簡單來說，土地的地目，包括住宅、商業、農業與工業用地幾種，其中住宅與商業用地，價格都比較高，而農業與工業用地較便宜，要便宜買進，門檻相對較低，從外觀上看起來，工業用地可能緊鄰一般住宅用地，但權狀上卻寫的很清楚，是什麼地目，就是什麼地目，相關用途的限制也在法律條文詳細明定，但我有朋友就特別愛這種工業用地。

工業用地取得成本低
建築開發以量取勝

　　對房地產投資也很有興趣的建商小李，當時他第一間投資的工業用地，就在三民區的機車工廠附近，他問過行情之後，發現這附近的住宅用地，一坪要價 30 萬上下，但如果是工業用地，一坪卻只有 7 到 8 萬元，一來一往，價差高達 20 多萬，這樣的差距，仔細算，更嚇人！

　　工業用地的大小，通常都是數百坪起跳，拿來蓋房子，當然可以變成一個大社區，吸引更多購屋族聚集來買。小李是極有經驗的建商，他估計，一般蓋透天厝的大型社區，起碼要買個上千坪的土地，以這塊工業用地來說，當時單坪土地取得的成本少了 22 到 23 萬，買個一千坪的土地，整體價差高達 2 億，這數字對建商來說，當然不小，省下來的購地成本，自然反應在利潤上，投資的獲益則會賺得更多。

　　以這塊地來說，千坪大小，大約可以蓋 50 間透天厝，一間土地面積約 20 坪，附近住宅用地的透天厝，起碼要

賣三千萬,但小李蓋的房子,地目是工業用地,登記事務所的透天厝,他只賣兩千萬,很多買房子的人,聽到這個數字,當然很難不心動,而小李也不貪心,碰上會殺價的購屋人,為了成交,他也願意讓價,有人甚至只花一千五百萬就跟他買到了,跟附近的行情比起來,甚至低了一半左右,反正只要能夠盡快拋售、短期獲利,價錢都好說,畢竟時間就是金錢,現金入袋,才最實在!

to we know 工業住宅貸款成數低 並非適合轉手買賣性質的投資

雖然賣的便宜,但小李還是大賺,因為光是買地,就省了兩億,加上賣屋賺進的利潤,每投資一次工業用地,利潤都是數億起跳,不過,這種投資,當然不是一般人可以做得到,此外,投資風險也仍然存在,因為工業住宅的便宜價格,聽起來誘人,但仍屬於非法住宅,碰上政府要大動作反撲,還是有可能被拆除,買的人還是得考慮風險問題。

　　至於地段，工業住宅都在工業區附近，周遭少不了的，當然就是處處林立的工廠，對居住品質來說，當然有影響，買來自住要多加考量；至於地目既屬工業區，有些公司行號為了省錢，也會買來當辦公室，如此一來，進出的份子也相形複雜，這樣住辦混合的生活環境，能不能接受，也見仁見智。

　　另外，一定要提醒大家的是，工業住宅雖然便宜，但比起一般住宅，貸款成數都相對來的低，如果自備款不夠，要買可沒這麼容易；最讓人詬病的問題，就是工業住宅的增值空間不大，脫手不易。

　　為什麼會這樣？道理很簡單，建商取得土地成本低，第一手買家以便宜的價格搶進，如果想往上再加價賣出，接手的人，還是會擔心工業住宅的法規風險，除非低價售出，不然誰願意毫無好處，就承擔風險？而通常屋主都會希望能賺一手，若沒賺到價差，多半也不願意降價，脫手當然有難度，因此，我建議買這類房子的人，最好以自住為優先考量，能不能賺錢，放在其次。

馬上訂閱 中時影音

中天新聞 中時 電子報

解套?

新北市19案 全台百件

1.5億

主播 盧秀芳

工業住宅扶正 開先例

11月25日 週一

晚間 新聞聚焦 全台首例!工業住宅變更住宅 代價1.5億

19:06:55 操控打假球求償案．最高法院判決職棒聯盟敗訴

to we know 承租工業用地蓋廠房 長期收租利潤驚人

　　還有一派的投資客，他們投資工業用地，卻不是直接花錢買地，而是跟經濟部承租工業用地，租了地也不是拿來蓋房子，而是就地依法蓋工廠，然後做轉租，這樣的投資，符合地目要求，完全是合法的投資，相較於蓋成工業住宅，少了風險，效益也不差。但要投資這類工業區的工

廠轉租，還是得要有點門道，才能得其門而入，事先做點功課，要賺到錢，絕對不是難事。

我的老友張大哥，鎖定前鎮工業區一帶，他的理由很簡單，這裡屬於加工區，租地價格便宜，一坪不到 100 元，租來蓋工廠，營造價格也不高，一坪只要一萬上下，張大哥一租 300 坪，但也只花了他 300 萬成本興建廠房，加上每個月的租金，以一坪 100 元，乘上 300 坪土地，也只要 30,000 元，省下土地成本，卻能創造更大的租金效益。

張大哥說，他仔細算過，每間廠房的成本約 3 萬，但租金卻高達 5 萬，一間賺 2 萬，如果有 10 間廠房，他每個月就淨賺 20 萬，相較他投入的資本，這樣的報酬率當然極高，投資風險卻極低，而且完全合法，物件可以長期持有，多放一年賺一年，因為這類工業用地，政府都會樂於出租，不然空著也是空著，即使政府要回收土地，因為興建的成本低，拆了也不會有太大的損失，很多投資客瞄準工業用地出租的特殊性質，利用機會大賺一筆！

這樣的投資，為什麼只租不賣？理由很簡單，跟工業住宅一樣，蓋成工廠也沒有什麼貸款的空間，買的人幾乎都要拿現金來買，但會選用比較小的工廠廠房老闆，他們

通常也才剛剛起家，資金不足，只能退而求次，因為要他
們拿出現金買廠房，實在有困難，所以多半都是用租的，
而張大哥就是看好這類物件的發展，在高雄有一定市場，
寧可長期持有，能賺一天是一天，幾年下來，也累積了可
觀的資產。他常說，富貴險中求，只有把眼光放在別人看
不到的地方，才能出奇制勝，賺人所不能賺。

● 出租小廠房，獲利好方法。

第十三章

意外開啟投資
大陸房地產的第一扇窗
北京置產，兼營留學代辦

勇敢

「台灣房價貴鬆鬆，買不起？」我最近有不少朋友，都有這樣的感慨，但，要投資哪裡才賺錢？這幾年，因為藝人作家吳淡如投資成功，日本投資蔚為風潮，讓不少人把目光轉向台灣以外的市場！其實，我很多年前，就開始把投資眼光放到國外市場，而我第一個成功的故事，就在大陸北京，整體而言，投資境外市場的共同性，都是低成本、高收益，因而吸引投資客目光，但風險也不小，這一章，我就從自己的經驗說起。

to we know

不按牌理出牌
醫生當不成，改搞房市

我常常跟朋友說，我就是那種不喜歡按牌理出牌的怪咖，這一章要談的境外投資，要跟大家分享一些我的人生經歷。1999 年，我剛退伍，一個什麼都不懂的毛頭小子，什麼都沒有，就是一身是膽，靠著家人的資助，我動了到對岸念書的念頭，理由很簡單，我一直想當個懸壺濟世的

醫生，奈何台灣的醫學院門檻高，想要靠苦讀考上，簡直要我的命，打聽之後，我發現到大陸念醫學系容易多了，只要財力足夠，可以靠申請入學，於是，初生之犢不畏虎，我一個人收了行李，入讀北大醫學系。

說來好笑，當時，連宋搭檔競選總統，我一心以為，只要他們當選，開放認證大陸學歷就妥當了，我一定可以順利回到台灣執業當醫生，沒想到，事與願違，政治這檔事，真的不是咱們凡夫俗子可以弄得懂的，2000 年，連宋敗選，我的醫生夢也一夕夢碎，只好就此打包回台，乖乖回台灣工作，不過，因為在北大念書的這段時間，我跟學校方面的關係搞得還不錯，辦了休學之後，我開始遊走兩岸之間，轉行幫忙北大代理招生，找一些台灣的學生來這兒念書！

說來可能沒有人相信，這樣的工作，在短短時間，居然替我又賺了一桶金，其實，這樣的賺錢機會，也是有其時代背景的，在那個年代，台灣的大學錄取率還沒有現在這麼高，懷抱北大夢的台灣人還真不少，因為我夠努力，奔走兩岸，收益也讓我超滿意的，興奮之餘，也因為招生規模愈做愈大，我開始思考，是不是也應該要在北京找個辦事處，好幫忙處理相關業務，有個對口的辦公室？一有

這個想法，我開始物色租用的辦公室，不過，在找的過程中，我發現租不如買，這才開始考慮，乾脆買個屬於自己的物件。

to we know 租不如買！自備百萬買辦公室 七年收益 550 萬

我簡單算了一下，在北京租一間辦公室，起碼要 700 到 800 元的人民幣，折合台幣約 3500 元，但如果買一間屬於自己的房子，不但不用再繳租金，還可以投資，因為北京當時的房價真的很便宜，舉例來說，我當時買的第一間北京房產，是位在城鐵七號線的學院路附近，還是個格局不錯的邊間三角窗，這個優質物件，以大陸的單位計算，是 38 平方米，約莫是 10 坪上下，這對我的業務需求來說，已經綽綽有餘，更讓人滿意的是，總價只要 100 萬上下，一坪的價格大約台幣 10 萬，比起台灣當時的房價，實在算是很便宜！

接下來的發展，更是出乎我的意料之外，這間房子的

潛力，一路看俏，因為幾年後，北京申奧成功，開始大興土木，城市發展一飛沖天，更讓我驚喜的是，我辦公室樓下，居然蓋了一個地鐵站，現在房價已經不可同日而語，我問過附近的房價，如果我肯賣，一坪的價錢上看 9 萬人民幣，折合台幣是 45 萬，而我買的時候，一坪才 10 萬，一坪賺 35 萬，10 坪就等於賺進 350 萬，如此利潤，讓我首次嘗到境外投資的甜頭。

● 北京辦公室的投資行情，現已不可同日而語。
　（上述為人民幣計算）　摘自"北京二手房交易平台-我愛我家"售屋資訊

　　不過,我幾年前早已結束了代理招生的業務,把事業重心移回台灣,這種賺錢屋,我卻始終沒捨得賣,因為我發現租金的收益更好,我一個月租 7,000 人民幣,一個月等於有 3.5 萬元台幣收入,一年下來,可以賺進 42 萬,從 2006 年到現在,總計出租七年了,我已經賺到 294 萬的房租,扣掉我買的 100 萬成本,光是收租我就已經回本外加實賺 194 萬,你說,這樣的物件,我怎麼可能捨得賣?

　　北京宅投資收益:

```
        租金      3.5 萬
      ×          12 個月
      ×             7 年
      ------------------------------
                   294 萬
      －  買屋    100 萬
      ------------------------------
                   194 萬
      ＋  增值    350 萬
      ------------------------------
        已賺近    550 萬
```

to we know 北京女婿出頭天
熟悉法規限制，享有在地優勢

聽起來很好賺，但到對岸投資，還是存在不少風險，因為中國對外國人購屋，還是有不少**資格限制**，首先，一定要自備五成以上的頭期款，而且對岸的房子，受限於法令規定，只能擁有地上物使用權，土地全都屬於國家，所以跟台灣不一樣，而土地的使用權，有 50 年或 70 年兩種年限，台胞要買，還要有長期居留證，這個物件也要有涉外證明，不然北京當局也不會核准買賣。

此外，就是境外投資最容易碰到的問題，如果對**環境的熟悉度**不夠，也千萬不要貿然嘗試，我是因為在北京念過書，也有一定的人脈，幫忙尋找適合物件，以我買的這個辦公室來說，地段真的沒話說，除了後來的意外之喜，還有地鐵站就在樓下的優點，附近還有北京航空航天大學，走路只要 5 分鐘，有了大學加持，當然穩賺不賠，種種利多，真的不是一個隨便來這兒看看屋的投資客，就能眼光精準找到的物件。

　　敢這麼有恃無恐，投資對岸的房子，一放就這麼多年，我還有一個大家沒有的優勢，在大陸念書這短短時間，我還娶了北京姑娘，身為北京女婿的我，即使人不在大陸，還有岳父岳母幫忙顧著，不但承接我在北大招生代理的業務，也幫忙打點房市投資的雜務，就算有個變化，應變也不怕鞭長莫及！

● 個人於北京投資的辦公室，位居本棟大樓之內。

「大產權」、「小產權」
政情風險考量，切莫貪便宜

最重要的是，兩岸雖然同文同種，語言相通，別忘記**政治情勢**的不穩定，還是不容忽視的問題，大陸這幾年的炒房團，勢力也很驚人，政府看不下去，也不斷祭出各種打房政策，像台灣的奢侈稅一樣，規定變來變去，萬一挑錯時間入場，也可能要被扣高額的房屋稅、土地稅、交易稅等。

另外，兩岸的**房市管制**也不同，大陸的房子簡單分成大產權、小產權兩種性質，我第一次聽到也很傻眼，因為如果買的是中央認證的大產權，一切好說，產權完全沒有問題，也不用擔心會被政府徵收使用，不過，萬一沒打聽清楚，買到另一種小產權的標的，事情可就大條了。

簡單來說，小產權是地方政府認定的，萬一中央要徵收，屋主只能自認倒楣，強徵也沒有任何賠償金可以拿，萬一外地來的投資客不了解對岸規定，一聽到價錢比較便宜，就傻傻買了，就等於是硬生生被坑殺，叫天不靈，叫

地不應，很多宣稱去大陸投資失利的台商，問題也出在沒
把人家的規定搞懂，事前做功課，才是賺錢保命符！

● 大陸的房屋所有權及土地使用權證明。

第十四章

—— 到加拿大生孩子、買房子
自住、分租、開「坐月子」中心

娶了北京姑娘的我，從大陸經驗出發，開始把眼光往台灣以外的市場移動，我把老婆依親帶到台灣之後，太座有了我人生第一個寶貝，跟很多人一樣，我們想給未出世的孩子一個外國國籍，進可攻退可守，未來還有移民機會，新婚的小倆口商量過後，我們決定到加拿大待產，搞怪如我，當然不安於室，開始研究加拿大的房市！

to we know

加拿大陪產
放膽買屋，自住兼出租

　　在北京短短時間，買了房子，當然是人生奇遇，但娶了北京姑娘，更是讓我人生大轉彎的關鍵，跟老婆在大陸辦了婚禮之後，帶球來台的大陸新娘，在那個年代，還是得經過移民署審查，一路過關斬將來台灣，回想起來也很好笑，一般夫妻的私人問題，也得跟面試官交代，但愛妻如我，當然一路呵護，終於成功把嬌妻帶回台灣，不過，

也因為這個過程，讓我想補償老婆，帶她到國外待產，生下我們第一個寶貝！

我第一個考慮的，就是「屬地主義」的加拿大，意思很簡單，只要孩子能在加拿大出生，就能取得加拿大國籍，未來我們家人，就可以用依親模式，順利取得加拿大國籍！當時，老婆七個月的肚子不算太大，尤其在體型高大的加拿大人眼中，東方人怎麼看都算嬌小，要通關到加拿大，簡直易如反掌，拿著觀光簽證到加拿大之後，我們透過介紹，入住了一個台灣人移民加拿大的家庭。

一開始想得很簡單，我們就跟一般留學生一樣，以 home stay 的方式，住在加拿大人家中一陣子，等到孩子出生就好，沒想到這個看似同鄉的台灣人，諸事一板一眼，對我們這樣的過客非常小氣，一般日常吃喝，斤斤計較，我明明想讓老婆安心待產，怎麼可以讓她吃苦？於是，我們換到另一個由北京移民的加拿大家庭，也因為這個決定，開啟了我在加拿大的投資之路！

購買當地民情嫌惡的「大麻屋」
行情便宜 300 萬

　　北京姑娘、女婿入住，這個北京家庭簡直是把我們當成自己人，更巧的是，他們跟老婆一聊，居然這才發現，大家還有遠親的關係，待產的這段期間，真的相處得非常愉快，老婆生產後，我們甚至還延長了簽證時間，還想在加拿大多住一陣子。

　　不過，問題來了，疼媳婦的媽媽，遠從台灣來替老婆坐月子，只租了一間房間的我們，只能一家三口跟媽媽擠在一起，住起來很不舒服，於是，租屋給我們的北京遠親就建議我們，不妨可以考慮在這裡買間房子住下來。

　　這一提醒，我心中的房地產魂，被熊熊燃起！我早就發現，加拿大溫哥華這裡的華人很多，華人的傳統觀念，就是有土斯有財，怎麼可能不炒房？巧合的是，隔壁的房子剛好要賣，北京遠親房東立刻把消息報給我知道，一問之下，這間物件的開價，約莫是 49 萬加幣，比起我租的

這棟房子，足足便宜了 10 萬，換算成台幣，一樣的格局，價錢等於差了 300 萬！

「怎麼會有這麼好康的事？」我心中不免有疑惑，但房東幫我打聽了一下，這間房子是傳說中的「大麻屋」，屋主一直有在家中種大麻牟利，雖然在加拿大某些人跟地區，種大麻不違法，但在溫哥華卻仍屬不合法行為，這樣的房子，加拿大人要買，就算價錢便宜，也會考慮再三，他們多半還是擔心留下的大麻氣味，會影響呼吸道健康，但我從投資的眼光一看，就知道非買不可。

位於加拿大，溫哥華，列治文市物件

● 曾於加拿大置產之標的，即為左側這棟白色建築。

分租賺！「坐月子中心」更賺！
脫手賺約 400 萬

　　我算過，我租一間套房，要花加幣 500 元，大概是台幣 1.5 萬，而這間房子可以隔成 7 個房間，我留一間自住，另外 6 間出租，依樣畫葫蘆，也租 500 元加幣，一個月可以收租 3,000 元加幣，台幣就是 9 萬元，買的便宜，還可以出租套利，一家人也有安身立命的地方，這筆帳，怎麼算都聰明，我當然就決定衝了！

　　延長簽證的這幾個月，我租了幾個租客之後，有一天還靈機一動，開始做起「坐月子中心」的生意，專門做大陸人移民到加拿大的客源，愛賺錢的我，因為到北京留學的經驗，自己煮自己吃，已經習慣了，慢慢的成為愛做菜的超級煮夫，做幾道坐月子的菜，對我來說，輕而易舉！從收益來算，房子租給人家，一個月賺 500 加幣，但是如果轉經營「坐月子中心」，光這樣的短期服務，客人來來去去，一個月可以賺 3,000 元加幣，利潤足足多了六倍。

　　雖然只玩了幾個月，但這個過程，也讓一邊陪產的我，賺了不少錢，只是，終究我還是要回台灣，所以只能把房子交給溫哥華當地的友人代管，一年半後，孩子長大了，我決定把房子賣了套利，這時，原價 49 萬的加幣，補漲到了 59 萬，我等於賺到了 300 萬台幣，加上這幾年出租的收入，起碼賺了將近 400 萬。

● 小孩出生加拿大國籍福利一舉數得。

加國投資稅金抽近半
海外置產應先比較政策國情

　　只是，這樣的投資，看似風光，還是讓我很扼腕，因為加拿大對外來投資客很不友善，他們認為我們只是短期持有，最後還是會撤資離開，所以在稅金方面，要求特別苛刻，賺來約 300 萬的台幣，有一半被以類似奢侈稅的方式，硬是抽走了一半，我最後入袋的，只有不到 150 萬，這就是我之前不斷提醒的投資風險，不過，因為還是有賺，只能認栽繳稅。

　　要挑選外國房市投資？我有一些觀察，也可以跟大家做一個分享，前一陣子有個新聞，吸引了我的注意，就是馬來西亞政府推出「第二家園」政策，外國人如果願意帶著資金到馬國，存入一定金額的定存在銀行裡，投資人買房子的門檻，就能夠大大降低，至少可以取得當地銀行六到七成的房貸成數，這跟加拿大比較起來，他們對外國投資客就友善多了！

　　其實，這幾年，吸引台灣人投資的國外房市，除了馬來西亞，更早吸引大家目光的，還有日本的房市，因為日本東京的高樓林立，現代感十足，投報率卻是亞洲已開發國家中最亮眼的！因為日本人在地震後，對房市泡沫化心生恐懼，年輕人都寧可租屋不買，台灣人愛買日本房子出租，除了既有的租屋市場需求外，看上的就是投報率，台灣一間 1,800 萬的房子，頂多租 3 萬，東京差不多價格的物件，可以租到 8.7 萬，報酬率差了近 3 倍。

we to know

海外置產賺租金、賺增值
　當心匯差影響實質報酬率

　　相較開發中的馬來西亞，日本的都會化更成熟，最近又有申奧成功的利多釋出，房價可期，但馬來西亞房價比日本低，租金也相對較低，投資各有利弊，馬國在投資低點，而日本不愁找不到租客，因為報酬率都有 4% 以上，這幾年，這股國外房市的投資風潮，在我的朋友圈中刮起了旋風，我也跟著去聽過幾場說明會，不說你不相信，真

的是場場爆滿，座無虛席，說了這麼多，但，還是有些風險，不能不考慮。

　　簡單的說，投資必有風險，更何況是遠在異邦的投資？像我買的加拿大屋，取得當時，加幣對台幣的匯率，大概在 31~32 左右，脫手的時候，就降到 29 左右，乍看之下，好像只差一點，但換算下來不得了，每差 1 元匯差，我等於賠了 49 萬台幣，差兩元就少了近百萬，一來一往的匯差，想要脫手，一定得算清楚，千萬不要掉以輕心，免得回頭才發現，租金報酬率看似漂亮，資本卻會跟著匯率起伏，賺的沒想像中多。

　　此外，管理不便，也是一大問題，跨國投資，距離遙遠，很多事情都會有鞭長莫及的無力感，畢竟只要出了台灣，買賣房子的風險就是比較高，而且為了省時省力，很多人得靠仲介管理公司幫忙，來處理當地出租的各種疑難雜症，這時，怎麼找一家值得信任的第三管理公司，就成為海外投資最重要的關鍵！

第十五章

代管出租套房
物業管理的好口碑
要靠豐富經驗、熱情與真本事

買中古物件隔成套房的投資，我已經做了很多年，這個駕輕就熟的投資方式，的確為我賺了不少錢！不過，坦白說，這裡頭也不是全無風險，最麻煩的，就是碰上惡質房客，因為一次出租七、八間套房，進進出出的人一多，問題也跟著來了，於是，我開始替這些包租公、包租婆作物業管理，只要是房客的疑難雜症，我一通電話就到，雖然賺的不是大錢，但因為我有豐富經驗，做起來駕輕就熟，也是一筆不錯的收益！

to we know 代管套房物業 月入兩萬輕鬆賺

我之前談過，我經常把裝修隔間完成的多間套房物件，附帶租約出售，賺取報酬率，通常會買這種已經一次到位的物件，都是想投資，卻沒有太多時間處理雜務的投資客，瞄準他們怕麻煩的投資性格，我賣出套利後，還會提供收費的售後服務，就是套房物業管理，簡單的說，就

是房客有任何問題，都可以直接打電話給我，不管是停電、漏水，甚至燈泡燒掉，我都能提供服務！

　　事情聽起來很繁複？其實，對我來說，一點也不！因為我擁有自己的水電、工班，他們都是我最強力的後盾，碰上問題，我比一般人有資源解決問題，加上我投資的隔間套房也多，萬變不離其宗，根本難不倒我，而房子賣了，賺了一手之後，我還能賺取管理費用，何樂而不為？

出租物業 客戶叫修管理系統

客戶姓名 *	
聯繫人手機 *	
聯繫人電子郵件 *	

故障問題 *
☐ 網路故障　☐ 電視故障　☐ 電燈故障　☐ 屋頂漏水　☐ 牆壁滲水
☐ 浴室沒水　☐ 門片故障　☐ 床架故障　☐ 地磚破裂　☐ 水龍頭漏水
☐ 門鎖故障　☐ 窗戶故障　☐ 排水不通　☐ 陽台積水　☐ 抽風機故障
☐ 插座故障　☐ 開關故障　☐ 電壓跳電　☐ 門禁故障　☐ 攝影機故障
☐ 油漆剝落　☐ 冰箱故障　☐ 冷氣故障　☐ 家具故障　☐ 洗衣機故障

備註與說明

● 針對房客居住修繕服務的管理，開發了一套「客戶叫修管理系統」

一般來說，以一間套房的租金 6,000 元來算，我每個月可以賺一成，就是約 600 元的管理費用，一層樓如果隔成八間套房，一個物件我就能賺進 4,800 元，類似物件，倘若我一次代管了四個左右，每個月等於簡單賺進約兩萬，花的時間不多，但卻是穩定進帳的收入！

to we know 工班、水電專技備齊 解決各種疑難雜症

不過，要當個稱職的物業管理者，也是要花點心思的，一般水電問題，都還算是小的，找人去修就得了，最怕的，是碰上二百五的房客！曾經就有一名房客，半夜三更打電話給我，緊張得不得了，因為他進不了門，原來他半夜肚子餓了，出門買消夜，一個不小心，門碰地一聲關上，這才發現沒帶鑰匙，由於我是裝設電子磁力鎖，一時半刻，也找不到鎖匠，最後，求助無門，只好打電話給我，拿人錢財，與人消災，儘管我睡眼惺忪，也只好強打精神，去幫他開門。

　　還有一次也超瞎，有間套房租給一對情侶，甜蜜蜜的小倆口，有天吵了起來，從小口角變成大打出手，最後鬧到要報警，隔壁的房客嚇壞了，趕緊打電話給我，我連忙趕去，雙方父母也來了，最後不但鬧上警察局，連救護車都來了，這次真的嚇到我了，沒想到小情侶當場又破涕為笑，開開心心的牽手回家，房子還繼續租，但這次經驗，讓我把這對房客，列為不定時炸彈房客，以後一有個風吹草動，我都不敢大意，就怕下回會直接鬧出人命，那可就不得了。

　　還有一種房客，碰上了也很要命，就是欠房租不給的那種。這種經驗，很多房東都碰過，我曾經碰過看起來很不錯的房客，本來每個月準時付房租，但突然碰上公司出了狀況，發薪時間開始不穩定，他的房租當然也跟著不能準時繳付，碰上這類房客，我通常都會寬限他一個月，但如果真的繳不出房租，也只好請他走人！

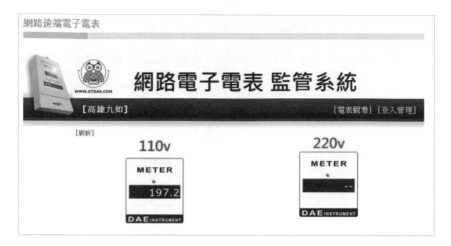

網路遠端電子電表

網路電子電表 監管系統

【高雄九如】　　　　　　　　　　　　　　　　　【電表觀看】【登入管理】

[刷新]

110v　　　　　　　　　　　　220v

METER　　　　　　　　　　　　METER

197.2　　　　　　　　　　　　--

DAE INSTRUMENT　　　　　　　DAE INSTRUMENT

● 各間套房分戶電表之計用與控管

房客五花八門
面對各種問題隨 call 隨到

　　你以為慎選房客就好？這個社會知人知面不知心，我碰過的麻煩事，還有更嗆的！我曾經看過一個不到 30 歲的年輕女房客，五官清秀端正，口口聲聲說自己正在跟男友準備開餐廳，因為店就開在附近，所以才喜歡這間房子，房租連殺都沒殺，就直接簽約承租，我滿心以為，整

件事情到此完美結束，我只要負責每個月刷本子，等著房客給房租就對了。

　　沒想到，一個月後，管理員打電話給我，說最近常常有人來找我這位甜美可人的女房客，不但在半夜三更出現，還在一樓大廳又吵又鬧，讓其他住戶不堪其擾，管理員還八卦的說，上門的是我房客的男友貨真價實的「老婆」，換句話說，我的房客是不折不扣的「小三」。

　　我一聽，差點沒昏倒，因為就算吵成這樣，我好像也沒辦法趕她走，因為約都簽了，我總不能以她是小三為由，就趕她走吧？但自此之後，我為了處理類似的爭執事件，老是被管理員問候，還擔心這位小姐萬一想不開，在我的房子有個三長兩短，這可怎麼辦？好在一年後約滿，我以房子要賣為由，請這位房客搬家走人，我懸著的一顆心，才放了下來，但光是擔心出事，也夠嗆了！

知人知面不知心
租約載明細項，保全附屬設備

　　不過，既然要做物業管理，什麼陣仗沒見過？我自有一套應對策略，首先，除了兩個月押金，我會要求房客在簽約時，多簽一張本票，價值約莫就是房子裡頭，所有電器、家具的價值，這對房東來說，等同是多一層保障，如果有惡質房客把東西搬走落跑，對房東來說，還有本票可以依法裁定執行，只要這個房客名下有財產，只要房客有穩定工作，我還可以用本票，幫房東討回這筆錢。

　　此外，像之前繳不出房租的房客，我怎麼樣都連絡不上，最後把兩個月押金扣完後，我就開始清理房子裡頭的物品，為了擔心被房客反咬一口，被控告侵占財物，我一開始也會在合約中加註，如果租約到期，屋內雜物視同為廢棄物，房東有權丟棄處理，不過，話雖如此，通常我都會堆置一段時間，讓房客還有機會回來取得自己的東西。

　　簡單的說，法令就是物業管理的保護傘，一切依約辦理，在市面上買的到的定型化契約沒詳訂的，我通常會跟

房客另行約定，像是不能抽菸、養寵物，一旦違規，物業
管理者有權請房客搬走，如果碰上違約，我還有押金、本
票當最後一道防線，如果碰上惡質房客賴著不走，我就直
接控告刑法的侵入罪，請法院強制執行驅離。

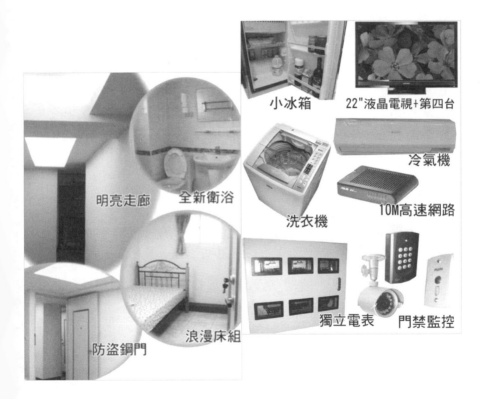

● 附屬設備亦為套房的重要資產，合約及保證人之法律保障不可忽略。

租約保證人的重要性
發覺異常，寧賠押金以求全

　　當然，法律是第一道防線，如果不到最後關頭，我也不想採取這樣的方式，因此，我建議最好還是慎選房客，在房客上門的時候，一定要嚴加過濾，千萬不要為了想趕快租出去，隨隨便便就把房子租給人家，最好先確認租客的工作是否穩定，畢竟穩定的收入，才能保障房東收得到租金。

　　此外，一般的定型化合約後面，都有保證人這個項目，很多房東便宜行事，通常不會要求找保證人，我建議最好不要省過這個步驟，畢竟物業管理者面對的只有房客，萬一出了事，連個負責的人都找不到，房東真的只能自認倒楣，還不如所有的承租過程，都先把醜話說在前頭，免得日後徒增麻煩。

　　最後，我通常都會透過管理員或是鄰居，打聽這個房客平常的生活狀況，比如有沒有不尋常的交往狀況，或是過度喧嘩吵鬧的情況，萬一發現狀況不對，我建議，寧可

賠押金，婉轉的請房客把房子交回來，也不要冒風險，萬一出了什麼問題，惹麻煩事小，房價跌個兩到三成，投資不成反而虧錢，才真的是賠了夫人又折兵！

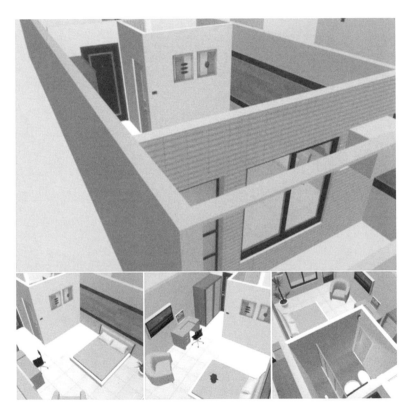

● 套房隔間電腦模擬鳥勘透視圖。

第十六章

鋼骨結構蓋透天
預售團購炒行情
人脈無價！

我之前就常跟大家分享，消息靈通是投資房市不可缺少的關鍵，這一章，我想談的是如何建立人脈，因為人脈就是錢脈！簡單的說，靠一人之力，消息再靈通，也是有限，但如果能有朋友幫忙，房市的任督二脈，都能一點通，有了這個想法，一直交友廣闊的我，開始思考哪裡才可能找到我想要，也對我投資有幫助的朋友。

to we know　修學位、兼養人脈
　　　先累積各行各業的有效資源

　　之前談到，我曾經到北大念醫學系，不過，一直覺得所學不夠的我，這條求學之路，可是走的比誰都認真，後來報名了文化大學的法律學士學分專班，拿到應考律師資格學分之後，我又考上了高雄大學的法律暨管理研究所，班上不乏想投考律師的同學，看我念的這麼認真，以為我是真的想當律師，但，其實，一心只對房地產有興趣的我，只是想補足我在房地產上的法律知識。

　　只是，在過程中，我卻發現，得到了不少意外之喜！首先，我當然可以拿到畢業學位，補足我的學歷，而我在意的房地產專業知識，當然也能一併獲得，但更讓我驚喜的是，這個班上的同學，幾乎都是學有專精的專業人士，專業人士跟一般學生時代的同學相比，當然是大大不同，因為他們有一定社經背景，而且也是相當程度的資產階級，對於投資這檔事，當然具有獨到見解，大家常常聊天討論，聊著聊著，也讓我受益良多。

　　眼界開了，我還接著念了一個高雄大學的建築與創意設計系的碩士班，這個時候認識的朋友，更是五花八門，成為我接下來投資路上的一大助力。前幾年，我想買一間共有持份產權的時候，剛開始真的是毫無頭緒，因為一間房子有十幾個人持份，我一時之間真的難以決定，擔心太複雜，又怕買了賺不到錢，但如果不買，也擔心錯過千載難逢的投資機會，就在一片千頭萬緒中，我想到幾個在建築專班認識的同學，立刻撥了幾通電話，果然，同學不是當假的，問題迎刃而解！

緊要關頭的決策
專業人脈的資訊整合立即定案

　　我在第六章分享過這個多人持份的物件，當時，因為它靠近文藻大學，地段極佳，兩千萬上下，也不算貴，在房仲的介紹下，我實在很心動，但畢竟過去沒碰過這麼複雜的物件，想買，當然還是會有些裹足不前，但房仲不斷敲邊鼓，說這物件稀有，想買的人很多，要趕快決定！慌亂之間，就算是房產投資老手的我，也開始六神無主，緊張到手心冒汗。

　　於是，我決定先打給估價師同學，把地址和相關資訊先提供給他，這位好友也超夠意思，要我給他五分鐘，他立刻查資料替我估價，沒多久，回電來了，估價師同學拍胸保證，這價錢絕對可買，不用怕賠錢，聽了這句話，我就像吃了定心丸，知道這價錢八九不離十了；接著，我馬上又打給建築師同學，詢問這物件前面的畸零地，將來會不會有爭議？同學也很阿沙力，不到十分鐘，也要我放心，因為房子前有建築線，絕對合法；夠朋友的，還有我擔任地政士的同學，馬上查了最重要的產權問題，因為這

麼多人持份的房子，就怕有抵押或是債權問題，但好同學一查，確認沒有爭議，要我安心買下！

這個確認的過程，我只花了 30 分鐘，立刻告訴房仲，這房子我買了！這麼快就做決定，連房仲聽了都嚇一跳，他說，做房仲這麼多年，沒見過有人可以在這麼短的時間，決定這麼大筆交易金額的買賣，其實，我靠的都是旁邊人脈的幫助，他們的專業知識，讓我充滿信心，確知這個物件沒有爭議，只要備足資金進場，就能等著賺錢。

魚幫水、水幫魚
好康道相報，情義力挺

把朋友當成人脈，甚至刻意去培養人脈？乍聽之下，好像很現實？其實不然，這是朋友之間互助的情義相挺！因為我念的是跟建築相關的科系，都是各界翹楚的同學，大家當然格外志同道合，談起房地產，我也發現大家的興趣相投，碰到有可以兩肋插刀的機會，我也不會吝於付出，比如我有建築相關的經驗，也曾經有同學要蓋房子的

時候，想借助我的工班幫忙，我同樣二話不說，叫所有的工人全力相助。

　　曾經有同學要蓋透天厝，要我幫忙，我立刻找來工班，用鋼骨結構幫他蓋了一間他想要的房子，這樣的工法，通常只用在大樓，極少人會用在透天厝上，也因為我有相關經驗與能力，既然同學有需求，我也是話不多說，力挺到底！會這麼盡力，因為我深知人脈無價，我也許可以不斷投資賺到錢，但人脈的建立，卻不是錢可以買到，你幫我，我幫你，有了這樣的情誼，碰上關鍵時刻，才不會連個可以商量的人都沒有。

　　除了專業上的相挺，有賺錢機會，當然也要當彼此的「報馬仔」。一直不太喜歡買預售屋的我，也曾經因為朋友報了好康，跟著買了一次，靠著朋友小道消息，真的賺到不少錢，值得一提的是，我這個投資經驗，跟大家的不太一樣，說難聽點，幾乎是「買空賣空」，換言之，我幾乎沒有拿出一毛錢！

● 南部鮮少使用"鋼骨結構"興建透天店面厝。

團購拉抬預售行情
　　　沒掏半毛錢已現賺

　　當時，有朋友在中壢市中心蓋的預售屋要賣了，但因為區域價格拉不起來，他就跟我們幾個喜歡投資的朋友商量，要我們先出資投資 30 幾戶，而附近類似的物件，一坪只有 10 萬出頭，為了墊高價錢，我們用一坪 18 萬買下，聽起來是穩賠物件？但，我們早就談好一套保證代銷機制，因為一次賣出 30 戶，當然會讓整個建案的開價往上拉，成交之後，後來推出的第二期，單坪成交價，已經完全站上了 22 萬，我們 30 個朋友，是用一坪 18 萬的價格買的，至此，幾乎已經確定穩賺不賠！

　　算下來，短短幾個月，一期完銷，二期才開賣，我們一坪就賺進 4 萬，但，建商朋友也不能讓我們就這樣白賺，因為整個過程中，我們的建商朋友，並沒有實際跟我們拿太多款項，但雙方協議好，他要取回回銷的三成服務費用，以一坪賺進 4 萬來說，拿回 1.2 萬，但我們一坪還是實實在在的賺了 2.8 萬，一戶 40 坪大小，我們一個人平均可以賺到 112 萬。

　　像這樣「under table」的好友明牌投資，其實很常見，有的是共同出資，等到時機成熟，確定獲利，再出脫賺取報酬，按照投資比例，拿到賺取的利潤，聽起來很完美的投資，當然頗吸引人，因為團結力量大，不但可以把餅做大，一次投入更多資金，而且還有來自四面八方的資訊，不過，這樣的好友合作投資，也不是萬無一失。

(to) we know 合資公證、讓利原則 兼顧權益及友誼之保障

　　因為投資都有風險，有時不一定穩賺不賠，大家要有一樣的承擔風險心臟，可能沒這麼容易，加上一起投資的人多了，何時脫手套利，也不一定人人都有一致看法，萬一大家有歧見時，很可能好友反目，這時候，我會建議買個保險，再好的朋友合資，也最好把出資的資金，寫個具法律效力的公證書，有第三者的見證下，再找個大家都覺得最可信的人當登記名義人，萬一有爭議，也不會莫衷一是，好友變仇人！

　　整體而言，專業好友的諮詢，沒有直接牽涉到錢，問題都還算小，碰到了錢，就是最現實的問題，白紙黑字寫清楚，是最安心的做法！不過，我還是相信，人脈無價，所以在共同投資的過程中，我通常願意盡量讓利，就是不想為了一次短期的投資，傷害到好友情誼，甚至影響到未來的人脈，畢竟利益是一時的，朋友是長久的，未來還有很多在投資上的相互扶持空間，為了錢，傷了情誼，真的是大大不值得。

● 房地產團隊合作才能賺取不同的知識及獲利。

第十七章

買賣房屋要順手
學習先跟銀行交朋友

很多朋友跟我說，他們覺得銀行很可怕，是專門賺人利息的吸血鬼，真的是這樣嗎？我聽到這樣的說法，都會建議大家不要先入為主，做為一個專業投資客，我很早就學會跟銀行交朋友，很多時候，銀行臨門一腳的幫忙，能夠讓我們的交易更順暢，尤其想要用最少成本，賺到最大利潤，銀行更是重要推手！

to we know　買屋詢價 切記！先參考銀行估價

過去，沒有「實價登錄」的年代，大多數的房市交易行情，都是在檯面下亂喊價，很多人都有這樣的經驗，屋主漫天開價，仲介邊敲邊鼓，說的這個物件像是天上有、地上無，萬一消費者一時不察，跟著仲介起舞，出了天價，未來要脫手，買進價錢已經在高點，這樣的投資，怎麼可能賺錢？但，我卻從沒這樣的經驗，因為我有好朋友，就是很多人視之為虎狼的銀行。

　　說到跟銀行交朋友，我不得不提到我長期建立的人脈習慣，因為我有幾個在銀行工作的朋友，他們總是能掌握到很多一般人無法取得的資訊。舉例來說，我最近看上了一間在高雄鳳山的物件，這是一間 18 坪的舊公寓一樓，我喜歡它臨近高雄長庚的好地段，未來要脫手，不怕沒人承接，出租也不愁沒有客源，加上一樓佔用的公共設施，實際可以用的坪數，大約有 36 坪，我評估過後，覺得這樣的投資地段沒問題，應該有前景，接下來就是價錢的問題了，當時屋主一口開價380萬，我聽了眉頭一皺，只覺得這個價錢好像太高了點，因為一坪 20 萬出頭，對一個高雄投資客來說，似乎有點超出行情了。

　　第一時間，我不動聲色，也不急著跟仲介出價，先立刻打電話給我的代書朋友，請他先找銀行進行專業估價，再決定要出的價格。說到這裡，沒買賣過房子的人，可能不知道，每間房子，屋主心中都有一個價錢，不過，銀行眼中的價錢，卻不一定跟屋主的一樣，這牽涉到銀行核貸的估價，如果屋主漫天開價，等到銀行要核貸，萬一他們認為屋主的售價太高，還是會以銀行的估價，來進行貸款評估，如果買賣價格差太多，不但貸款有問題，未來脫手，恐怕也難有增值空間。

用銀行估價做為出價上限
議價堅持籌碼慢慢放

　　我等到代書回覆消息，銀行對這個物件的估價，大約280萬，整整比屋主的開價少了100萬，至此，我心中有了底價，出價也有了根據，我打給仲介，直接出價180萬，但仲介立刻誇張的表示，「你瘋了嗎？這個價錢低的太誇張！」我聽了不為所動，要仲介先把我出的價錢，帶回去給屋主，然後大家再來喬價錢，仲介眼看我這麼堅持，只好摸摸鼻子，把這個價錢回報給屋主。

　　過了兩天，仲介回來找我，說屋主不接受這個價錢，「希望起碼要看到二字頭！」聽到這句話，我心中一喜，因為屋主並沒有堅持價錢，連三字頭也沒再提，可見我出的價錢，很接近屋主心知肚明的底價，於是，我小心翼翼往上加，既然屋主想要二字頭，我就開出200萬的價格，但仲介搖搖頭，說我有加跟沒加是一樣的，眼看房仲很堅持，我也小幅讓步，又往上加了10萬，但仲介還是一臉為難，在我的堅持之下，他只好把210萬的價碼，又回報了屋主。

不到半小時後，仲介急忙打電話給我，說屋主願意見面喬價錢，我一聽，就知道雙方的價格接近了，距離成交的結果也不遠了，於是我答應與屋主見面直接談。不過，跟以往一樣，碰上這種要跟屋主「見面談」的場面，我都不會準時出現，就是要讓仲介有時間再跟屋主「カメˊ」過一次價錢，一般來說，仲介為了成交，都會盡力把雙方價格誤差拉近，如果早到，容易成為房仲話術進攻的目標，於是，我遲到了半個多小時才到。

to we know 與銀行建立關係
貸款額度、利率條件有好康

等我姍姍來遲，到了現場，房仲不免俗的，一直慫恿要我加價，我則祭出哀兵政策，當場不斷裝可憐，並表示真的很喜歡這個房子，只是如果要買，手頭上的資金只能出到這樣的價錢，最多把現在騎的摩托車賣了，還可以再多出個5萬，賣家一臉為難，房仲眼看我很堅持，把主力轉攻賣家，大家斡旋了一個晚上，我反正手握這件房子的銀行估價，深知要賺錢，絕對不可以再多出價，心情反而

很篤定，最後屋主的態度鬆動，終於才願意用 215 萬出售成交！

銀行的估價，對我的幫助在哪裡？簡單來說，我是一個專業投資客，沒錢賺的傻事，我絕對不會做，這間房子在銀行眼中約 280 萬，如果我真的出了屋主的開價 380 萬，別說賺錢了，一口氣倒虧 100 萬，還有什麼比這個更笨的？如果要賺錢，我很確定出價一定要比銀行低，銀行開價 280 萬，我出到 215 萬，一成交，我就知道起碼賺到 65 萬了，再加上適度裝潢包裝，不管是出租或出售，我都有一定利潤可圖。

跟銀行做朋友的好處，還不只於此！除了估價上的優勢，進入實質的交易過程，我還可以利用跟銀行的深厚關係，得到很多貸款上的好處，但，該怎麼建立關係？又能得到什麼好處？舉例來說，我自己開公司，因此，我每個月都會核發薪資給員工，但我也習慣每個月撥薪給自己，而且一個月發兩次薪水給自己，對銀行來說，我看起來不但有穩定薪資，而且還有兩筆，可以證明我是一個收入值得信任的人，借錢給我，當然是再穩固不過了。

薪轉、往來，提高信評
成為銀行 VIP 有撇步

　　就用一個這樣的小小技術，我的銀行存摺中，每個月都會出現兩筆刷出的「薪資」兩個字的紀錄，就這樣，我成了銀行眼中的好客戶，這筆錢看似只是把自己的錢，從 A 帳戶轉到 B 帳戶，但這所能累積的信用額度，遠比真正的薪資轉入金額還重要，未來要買賣房子，好處立即浮現！

　　此外，有的銀行會希望客戶增加跟他們的往來，舉例來說，有銀行會將存進 100 萬定存超過三個月的客戶，列為銀行的 VIP，簡單的好康，包括每個月可享十次匯款免手續費，這對像我們這樣做生意的人來說，當然好處多多，等到買房子的時候更是優惠，通常我的貸款額度，可以比正常的估價高一些，相對我取得投資標的的實際成本又比銀行估價低，合算起來的貸款甚至可以達到接近全貸的邊緣，如此一來，我等於不用拿錢就可以投資，短進短出，只要眼光精準，做的幾乎都是無本投資，這樣朋友能不交嗎？

在這裡也教大家一個小撇步，碰上那種要客戶把錢存進定存帳戶的，在成為 VIP 後，也可以用「質借」的名義，自己跟自己借錢，這樣的質借額度通常不低，以 100 萬定存為例，我最多可以跟自己借出 90 萬，如此一來，在跟銀行建立良好關係的同時，不僅可以提升與銀行往來的「信用評等」，資金還能靈活運用。

雖然不是每個人都能拿出一筆錢，跟銀行打交道，不過，只要跟特定銀行有固定往來的客戶，就算沒辦法得到全貸這種好康，買房子貸款時，還是可以拿到比較好的利率與額度，開口要的時候，千萬不要客氣，甚至可以直接跟銀行說，「像我這麼捧場的客戶，都沒辦法有優惠，那我只好把錢轉到別的地方！」利用這樣的小小話術，碰上有業績壓力的業務員，多少還是有點好處可以撈！

第十八章

避稅才能確保
利潤不會被吃掉！
應付「政策」、要有「對策」

銅板起家、房事煉金實錄 ／第十八章
避稅才能確保利潤不會被吃掉！應付「政策」、要有「對策」

投資房市的鐵律，就是把成本降到最低，才有錢賺！也許你會說，這不是廢話嗎？不過，很多人都太執著在房屋價格上，忘了隱藏在背後的稅金支出，其實也相當驚人！像近年來的奢侈稅，就是一個典型的例子，投資客一買一賣，看似賺到了錢，但如果一個不注意，被課到了奢侈稅，能賺的錢就大大打折，白白捐給政府了，此乃投資客大忌，不可不慎！

政府打房查稅
名下一戶也被「奢侈稅」盯上

　　我有個好朋友，就中了這樣的招！小章是個資深房仲，他很知道操作房市投資的各種「眉角」，也極懂得如何挑選賺錢物件，但他沒料到的是，政府打房的動作，真的不是玩假的，去年他買了一間農舍，看上的就是農舍便宜入手，可以高價出脫的優勢，名下沒有第二房的他，把這間農舍放著空置，原本想等房子價錢好一點再賣，沒想

到房子一賣出，國稅局就出手了！

　　原來，因為這間房子沒人住，每個月的水電費帳單，都只有幾十塊，國稅局發現，這房子明明登記的是自住，裡面的人卻幾乎沒用水也沒用電，怎麼看都不合理，因此認定小章根本就是投資客，要他繳付 15% 的奢侈稅，小章一聽就傻眼了，因為扣掉奢侈稅，他賺的所剩無幾，這筆投資交易幾乎是白玩了，他跟國稅局解釋，他真的不是在炒短線，而是經濟條件不佳，沒錢付房貸，才不得已要賣房子。

　　聽到這個案例，我也嚇了一跳，因為過去國稅局查的，都是名下登記握有第二屋以上的投資客，像小章這種買一才賣一的投資客，通常不會被鎖定，沒想到，這回居然成為稽查目標，最讓人驚駭的是，國稅局現在連水、電帳單也查，可見政府打房的動作，真的愈來愈大，一般投資客都要提高警覺了！

銅板起家、房事煉金實錄 ／第十八章
避稅才能確保利潤不會被吃掉！應付「政策」、要有「對策」

投資錙銖必較
想辦法避稅，以免痛心淌血

　　小章的故事，只是一個例子，其實，買賣房市投資，最怕是機關算盡，想賺點交易利潤，最後卻被國稅局硬生生的吃掉，所以，千萬不要掉以輕心，每個步驟要付出的稅金，都要算仔細，列入投資成本的一部分，才不會白玩一遭，買到經驗，繳了學費，心卻在淌血。

　　碰上棘手的稅務問題，真的很麻煩，碰上一次，就夠頭疼的了！我之前為了降低投資成本，曾跟朋友一起投資過一個特殊的物件，當時，差點被課重稅！簡單說，這個物件，是把兩戶舊公寓打通成一戶，坪數高達 46 坪，最後成交價約四百多萬，以高雄的房價來說，還是算相對高價，看過前幾章的人一定也很清楚，我偏好成本低的投資物件。

　　光是高總價，我就已經有點猶豫了，加上兩戶打通的物件，還有更討人厭的奢侈稅問題，因為買了這個物件，等於一次買了兩間房子，因為它有兩個門牌地址，對國稅

局來說，我手上一次買兩屋，完全就是他們要全力要掃蕩的投資客，怎麼可能不出手？但，這一切，在投資之初，我真的是始料未及！更別說，這物件年代久遠，我還得花上一大筆裝潢費用，才能出售套利，為了解套，我開始絞盡腦汁想辦法，這時，剛好有朋友想找物件投資，這時，我眼看機不可失，趕緊邀他一起投資這個打通的物件！

to we know 小心產權持有過久的老屋 潛藏高額增值稅的問題

除了奢侈稅之外，這個物件還有增值稅率的問題。所謂增值稅，幾乎每次房屋交易買賣都要付，這是正常的交易規費，不過，不常投資的人不知道，如果前屋主持有的時間太長，增值稅率就會比一般房子高很多，如果買了，會付出極高額的增值稅金，這對專業投資客來說，也是一大忌！

這個物件的屋主，一家人住了二、三十年，房子的價錢，當然已經不可同日而語，增值稅率從 10%，調漲到了

勇敢

40%，到了交易的最後關頭，我已經付了十萬元訂金後，卻突然被告知有這樣的問題，我也嚇了一跳，所以，當仲介告知我，屋主要補繳 50 萬的增值稅，所以需要加價，否則對方付不出這筆稅金，房子也沒辦法過戶，我聽了當場臉色一沉，告訴仲介，我實在很難接受這樣的損失，甚至當場大發雷霆。

既然交易已經至此，我要求房仲，扣除一般自用住宅的 10% 稅率後，剩下的 30 萬稅金，我請房仲跟屋主商量，一人承擔一半，買賣各付出 15 萬，好皆大歡喜收場，屋主也知道他們的情況特殊，我為了成交，已經焦頭爛額，找人共同投資，又碰上高額增值稅，他們不得已只好讓步，才把部分交易所得拿出來付稅金。

● 房地產萬萬稅。

(to) we know 大坪數雙併打通的房子 還得克服「奢侈稅」的問題

　　至於我的部分，在商言商，也不容虧損，我立馬私下找來房仲訓斥，因為大家合作多年，有這樣的問題，他們卻沒有事先告知，我強硬表態，不願意再付仲介費，否則，大家以後也別合作了！仲介看我這麼生氣，當然也只好鼻子摸摸，只賺了對方一人的服務費。

　　為了省奢侈稅，我找了朋友合資，但對方只是登記名義人，資本多數都從我這裡支出，但是這樣的物件，在銀行眼中，還是兩戶，第二屋的貸款成數，當然比第一屋低，未來要脫手，下一個買家，當然還是會碰上同樣的問題，於是，為了徹底解決問題，我決定把房子再一分為二，變成原來的兩間房子，隔間得重新花錢再做，願意這麼大費周章，當然是因為有利可圖。

　　我之所以看好這個物件的增值性，簡單說，它大約 45 坪大小，重新隔間之後，一間 22 坪，一間 23 坪，買進的時候，一坪約 8 萬，但附近行情都要 10 萬，我當時就是

看上這種雙併打通的物件，坪數太大沒人想碰，才願意花時間、精神處理，加上我找來工班裝潢整理過後，一坪起碼可以賺入 2 萬，短短幾個月，扣掉之前的成本，大約可以賺進上百萬！

避免不掉的稅賦
轉嫁屋主及房仲一起來分攤

看似複雜的物件狀況，第一步，先找登記名義人幫忙避奢侈稅，其次，再把增值稅的負擔，分出去讓屋主、仲介吸收，我幾乎沒有被課到太多稅率，就連一次買兩個地址，可能影響第二屋的貸款成數問題，我也盡快隔間，恢復原始屋況，讓未來脫手的風險降到最低，我要分享的是，想賺錢是必須付出代價的，如何化險為夷，把危機變成轉機，就是賺錢最重要的關鍵！

這個看似不可能成功的物件，其實，在處理上，當然還是有些麻煩，像是要說服屋主付出增值稅，我會先從仲介端下手，瞄準他急於成交的心態，臨門一腳，我虧十萬

訂金，但他可能要損失幾十萬的仲介費，於是，我私下恩威並施，一面表達憤怒不滿，一面卻施以小惠，甚至在成交之後，再包一個不到交易金額 1% 的紅包給仲介！

這筆錢，對已經以為賺不到買方服務費的仲介來說，當下卻反而成了意外之喜，有時候，這種兩面手法，可以讓仲介更開心，下一回有好的物件，也會優先考慮介紹給我，這些「眉眉角角」，表面上像是不給也無妨，但日後的好康，可能就此源源不絕，千萬不要省這種小錢，因小失大，反而錯過更多好機會。

● 房仲業者也是買賣房屋最好的來源及橋樑。

勇敢

第十九章

興趣變專業！買屋翻修 DIY
組工班團隊，額外還能接 Case

勇敢

買房子裝潢增加賣相，可以讓價錢翻好幾倍，很多投資客都深諳此道，我也不例外，但，從第一間屋開始，我就發現，光是裝潢估價，不同的設計師，就有不同的價碼，包括材料、建材與設計方向，都各有千秋，價差可以高達幾百萬，怎麼做才有最大效益？幾年前，誤打誤撞，成了投資客，好強如我，為了想省下這筆錢，居然從一個業餘投資客，開始組成專業設計團隊，現在我接過大大小小約五、六十件的案子，幫自己省錢，還能賺別人的錢！

裝潢設計市場報價亂
自己發包集合組織工班

說出來，恐怕沒人信，我在沒有任何設計或建築實際實務背景的情況下，邊做邊學，居然可以殺出一條血路，變成一個專業建築設計師！要談到這段故事，要從幾年前說起，當時，我第一次買房子，買的是法拍物件，屋況當然不算太好，等到成交要裝潢的時候，我原本跟大家想的

一樣，想說找個設計師幫忙裝潢整理一下，就可以出售套利了，但等到設計師來估價時，我卻發現，事情沒這麼單純，因為這個市場非常不透明，價錢混亂的程度，超乎我所能想像！

價錢有多複雜？我一共找來 5 家包商估價，但最貴的一家，開價 380 萬，而最便宜的一家，居然只要價 120 萬，這樣超過三倍的價差，我看了實在很傻眼，著實無法做決定，因為人同此心，不想用最貴的，畢竟這是投資物件，但如果選了最便宜的包商，品質差到無法接受，似乎也不是很妥當，這次的經驗，讓我開始思索，要不要自己動手比較快？

我必須承認，這個念頭很瘋狂，從沒有相對實際實務背景的我，頂多就是在家裡幫忙簡單的水電，或是換換燈泡，要自己裝潢一整間房子，的確很不容易，但天性不服輸的我，就是不信沒有經驗，就只能任人宰割，於是，我找來一些親朋好友，他們分別都有不同的專業實務背景，有的是油漆工，有的是木工，還有人是專業打石工，剛開始，只是牛刀小試的合作，沒想到，我愈做愈有興趣，最後索性自己花錢養了一個工班，不但做自己投資的物件，

勇敢

後來還能到處接別人委託的案子，然後我開始轉型成為建築設計師。

● 由外行變專家，現在也能接案、發包，經營各項建築設計與工程了。

先買器材工具再找工人
工資成本省四成

　　為了要搞清楚建築成本的計算，我先開始做功課。首先，我自己找的工班一到位，第一件事，就是先買齊吃飯的傢伙，也就是一般工班施工用的器材和工具，因為這些東西的成本，加上工人的單日工資，就是每天的工錢，我算過，以打石工來說，一天的工錢約 3,200 元，其中有 1200 元的支出，就是購入工具的成本，換句話說，如果我有了自己的器材設備和工具，只要花 2,000 元，就可以找到人幫我施工打石！

　　也許有人會問，「一天工錢 2,000 元，不會太貴嗎？」一開始，我也這麼想過，不過，如果你跟我一樣，看過他們實際工作的情況，你就會知道，他們賺的都是辛苦錢，他們工作的時候，打石的粉塵漫天飛舞，這工作實在不是人做的，對這些工人們的呼吸道來說，真的是難以承受的傷害，跟平常人一樣，他們一天工作八小時，但他們幾乎七個小時以上，都在吸這些廢棄粉塵，長此以往，對身體的影響，更是難以想像，這種賺來還不夠看醫生的血汗工

　　錢，我也不忍心苛扣，因此，為了省錢，我寧可自己買工具，但仍付給他們應得的工資。

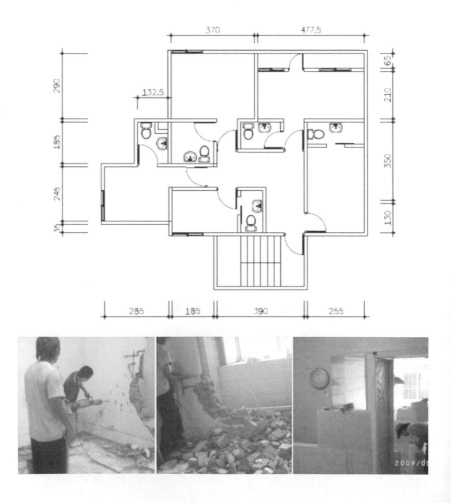

　　能省多少？如果是像我這樣的投資客，每年都會成交數筆投資交易，每次的物件，如果都要出動打石，一次省1,200 元，一支全新的打石機，要價數萬元，但以一支中古的打石機來算，大約市價 7,000 多，這樣算下來，工班動工六個工作天，就可以回本，萬一日後不用，還可以轉售，怎麼算都划算，這還只是工班作業的其中一個項目，其它像是電鑽，一支起碼要賣 3,000 多元，我買了 2~3 支，有簡易版的，也有高級版的，都可以省下不少錢！

to we know　建材用料自己進貨
少過一手品質成本實在

　　除了省工錢，材料的挑選，當然也是關鍵！從基礎建材來說，像是沙子、混凝土這類材料，如果我找外面的工班，勢必得讓他們賺一手，成本就得往上再墊一層，想賺錢，當然不容易，加上我手上的投資物件多，如果同時進行的裝修物件，全部一次叫齊材料，大量採購的規模，還可以跟材料商議價，又可以再省一點。

銅板起家、房事煉金實錄 ／第十九章
興趣變專業！買屋翻修 DIY 自組工班團隊, 額外還能接 Case

勇敢

　　舉例來說，我曾經請過外面的工班，他們叫的沙子價格，跟我自己養的工班叫的材料，一台車沙子的價差，高達 900 元，一個物件的裝潢建築，起碼要 5 車的沙子，這樣一來一往，就差了 4,500 元；而混凝土一包價差 150 元，一個物件要用 50 包，這樣又差了 7,500 元，光這種最基本的材料，一樣的貨源，就差了 12,000 元，少讓工班賺一手，差異之大，可想而知。

　　還沒算鋼骨、磁磚等非買不可的高價建材，貴的磁磚跟便宜的磁磚，單塊的價格差異起碼有 5 元，一間房子隨隨便便都要用上千塊，不囉嗦，價差又是 5,000 元！至於馬桶、臉盆等設備，我比過各家價錢，差異也大到讓人傻眼，有的價差高到 5,000 元以上，以一個投資客的角度來說，我不會去買最頂級的，但也不用買最差的，如何找到這中間的平衡點，又是一套學問，我的基本原則是，不盲目追求品牌，但也盡量不用大陸貨，以免維修不易。

to we know 外行變專業，口耳相傳 口碑生意接著來

不過，成本的計算，可沒這麼粗淺，除了建材成本，還要把工人們的工錢計算進去，比如鋼骨等材料，過去這樣的建材，都少見用於透天厝，因為它的價格比較高，但我願意多花點成本買，因為鋼骨結構的施工過程較快，縮短工期，同樣可以省下大筆工資，嚴格算下來，又比普通透天厝建築來的省錢划算！

省了工具錢，自己養的工班工錢照算，但物件的水準，卻遠比包給外頭的人好多了！怎麼說？因為做的每一個物件，都是自己的，我可以親自監工，控管物件品質，不用怕被別人牽著鼻子走，因為我就是老闆，工人們也不敢亂做，我也不用擔心有人偷工減料，整個裝潢建築的工法、秩序，全都操之在我。

一開始，全無建築相關實務經驗的我，當然是門外漢一枚，但是我有資本、人脈，還有學習的慾望，不管是泥作、板模，我都跟著找來的工班師傅學，邊做老闆邊作學

徒，什麼技術我都摸一遍，沒多久的時間，我就什麼都學會了，漸漸地，我不但只做自己的工程，經過朋友的口耳相傳，開始有人也包工程給我做，幾年下來，我從有點資本的投資客，變成建築設計師，這樣的變化，連我自己都始料未及！

投資與工程企業化經營
成本價差報酬提高，風險更小

　　自此開始，我的興趣變專業，這幾年，我接過大大小小的物件，把餅做大，是我的賺錢法則，幫人家做建築設計，反正工班養著，不用白不用，多接一個工程，也可以讓工人們增加收入，養家活口，一面還可以結交朋友，像是之前幫人家隔間完套房，之後還可以順便幫人家管理，一條鞭的經營策略，能賺的錢當然愈來愈多，透過多交一些朋友，增加投資資訊的來源，想賺錢，一定得靠人脈滾錢脈！

　　不過，說了這許多，但我最喜歡的工作，還是到處去找物件，自己設計轉售，畢竟投資利益大，能賺的比較多，生意人在商言商，相較其他的投資客，我不但可以賺到一買一賣的價差，就連裝潢施工的成本，都省下來了，這樣的投資效益，當然風險相對小多了，這也就是我能夠一直賺錢，悠遊在投資房市的主要原因。

勇敢

第二十章

違建拆招、
工程糾紛、法拍爭議
細節裡的魔鬼也才是利之所在

這本書的最後一章，我要跟大家分享的，都是別的房地產教科書不會教的！說真的，要賺錢，膽子真的不能小，勇敢是不二法門，很多專家都告訴投資客，要小心地雷物件，像是違建、法拍屋，能不碰就別碰，但我卻不這麼想，因為房地產要賺錢，一定要遊走邊緣，只要小心不要直接觸法，這樣的投資策略，成本低、效益高，想要賺進大把鈔票，當然機會也大增！

we（to）know　違建「即報即拆」　　　　透過民代幫忙就能有轉機？

　　怎麼挑物件，我們之前討論了很多，但是在這一章，我想跟大家聊聊，如何跟左鄰右舍打好關係，這件事情絕對是賺錢的重要關鍵！買了房子，大家都想要增加使用面積，能偷一點是一點，常見的像是頂樓加蓋、陽台外推，而住在一樓的人，則會希望多圍一點空間，擠出個停車位也好，像這樣買了房子想增建，大家都知道違法，因為根

據現行法令，違建當然是「即報即拆」，不過關鍵就是有沒有人去「舉報」。如果跟鄰居關係維持良好，大家也都同樣適度增建，彼此保持默契、互蒙其利，就不會有人說話了。

但是如果你是新買來，自己想要偷一點增建的範圍，增加多一點使用面積，萬一住戶關係沒打好，碰上難纏的鄰居怎麼辦？

其實碰上這種情況，也未必只能束手就擒。說穿了，裡頭還隱藏了一些不可告人的秘密，自從我後來組成了工班團隊，陸續也開始接案，受託他人的工程建案，就看到過不少實際的情形，以我承包過案件的經驗來說，在高雄地區的違建，只要不是位於太繁華的市中心區，通常不會抓的太嚴格。

舉例來說，我最近接了一個楠梓透天厝的案子，受業主客戶的委託，要將三塊土地合併使用，不過要能夠滿足業主的需求，這個物件必須小幅增建才能完成，明知違法，可是既然受雇承攬了人家的工程，我當然還是得聽命行事！

　　但是這畢竟屬於法令不允許的範圍，加上施工期間，難免會有工程噪音，像是敲地板、打牆面，對附近鄰居來說，當然不堪其擾，加上又是違建，於是果真就有鄰居向環保局、建管處檢舉，沒多久，我就接到勸導單了。

　　坦白說，這不是我第一次接到勸導單，我想，應該也不會是最後一次，依照慣例，我立刻跟業主說明了這個情況，接著他就趕緊去跟里長聯繫，我所見到台灣的裝潢改建文化就是如此，雖然拆除大隊一來就會說，這是違規違建，必須立刻拆除，但「只要有關係，什麼都沒關係」的關說文化，在台灣這個充滿人情味的社會裡，還是很有影響力的！

　　里長雖然不大，但因為他們通常是不少民代的樁腳，里長要當選，民代也要樁腳支持，層層堆疊上去的關說文化，其實不用點，只要有請託就有保佑，一般來說，只要當事人透過民代主張權益後，可以搭起跟官方之間的橋樑，很多事情就能迎刃而解。

to we know 違建拆除程序的「潛規則」 過關解危有門道

　　民代為了怕流失票源，只要一有選民請託，通常不會置之不理，而這種拆除大隊的業務，平常不告不理，但就算出動來拆，只要有民代關切，拆除大隊到了現場，或多多或少也不太敢完全不予理會、不買單的。因此有時候大張旗鼓來了，最後也只是做做樣子，拆個意思一下，好對投訴人有個交代，聽起來很不可思議？

　　不說你恐怕不知道，這就是拆除大隊出勤的潛規則，他們如果被關切了，來拆的時候，通常只會拆一些地板，或是幾根鋼筋，拍照角度簡單示意一下，表示有來處理過，但處理到什麼程度？拆除大隊都可以自行決定！如果鄰居真的這麼難纏，一再投訴，根據公務程序處理的「內規」，拆除大隊一案頂多也只能來拆三次而已，屆滿三次無法拆除完成，舉報人投訴續拆則要重新申請，但接下來違建處理大隊也會以經費為由，婉轉回覆舉報違建的陳情人，於是，未來幾年都不太可能再來拆同一案違建了！

　　這種關說文化，在台灣絕對不是新聞，但如果能夠善用，並且知道拆除違建這些程序上的潛規則以及選舉「固椿」維護選票的秘辛，就算收到勸導單，也不用害怕，選民跟民代之間的微妙關係，可以讓不少類似增建物件，有上下其手的空間。

　　當真受到特別關切的違建案件，除了拆除時，執法兼要顧及情面之下，在拆除「技術上」可以手下留情外，民代可以幫的，真的比想像中還多，比如助理會告訴你，大概哪一天會來，讓業主有個心理準備，等到確定要來了，關係夠好的選民，甚至可以邀請民代到場壓陣，直接讓拆除大隊拆不下去，或是找助理前來關切，如此一來，違建拆建的次數，就可以一延再延，拖過三次，就等同算是拿到保命符了！

● 違建處理大隊實際拆除違建情形

防範施工鄰損爭議
事前通知、施工鑑定不可少

　　關係到左鄰右舍的問題，最常見的除了前述拆違建的事，還有更棘手的就是施工興建問題，因為很多工程，跟鄰居緊緊相鄰，一旦開工，萬一對附近建築造成影響，惹上官非的例子，也時有所聞。

　　舉例來說，我家附近有個大樓工程，前一陣子才開工，沒想到附近鄰居發現，施工以後，門口的地層開始有些下陷，大家看到怒不可抑，拉起布條要向建商求償，現在雙方鬧到要打官司，鬧的不可開交。

　　這種新聞，電視天天有，對像我這樣做建築的人來說，其實就像之前聊過的「海蟑螂」，他們只是為了求財，如果為此，影響了完工後的房價，當然是大大不划算，所以，我通常會事先防範於未然，以免事後得付出龐大的損失賠償。

　　首先，我會在開工前，先發出公告，跟鄰居們打一聲招呼，讓他們知道最近有工程要做，希望大家互相體諒，這種施工前的告知，現在不少大樓也會嚴格規定，不但要事先申請，也要按照「公寓大廈管理條例」，像是假日不得施工，就算平日動工，也要在下午五點之前結束，我通常都會盡量按照規定，不要讓鄰居有說話的機會。

　　其次，如果有大型的工程要做，我還會加一道防護措施，那就是透過第三公正單位，隨時檢驗鑑定工程的安全性，這等於是自己買一個保險，因為很多惡鄰不只為了住家安全來抗議，有的人會趁機漫天栽贓，家裡的裂縫、漏水，通通算在鄰居施工的帳上，要求賠償損失，但老房子狀況多，是誰造成的，大家各說各話，不如一早就把土木結構等鑑定做好，會議中大家白紙黑字，與人無尤！

● 緊鄰即有建築的興建或裝修工程，宜特別小心防範鄰損問題的發生

富貴險中求！
法拍價差利潤空間大

　　最後要跟大家分享的觀念，就是要賺錢，降低成本最重要！所以，一般來說，我不喜歡買預售屋，因為它們賣的價錢，通常是兩到三年後的交屋行情，怎麼買，都會比周遭房價來的高，要賺錢，當然沒這麼容易，但如果買的是中古屋，那就不一樣了，老房子的價格通常沒這麼透明，可以殺價的空間大，便宜搶進的可能性也較高。

　　不過，以我個人最推薦的，還是比較少人敢碰的法拍屋，因為法拍的爭議多，屋況可能也沒這麼好，但價錢卻可以是市價的六到七成，這種房子，買低賣高，當然是賺錢最好的物件，很多人因為怕麻煩，不敢輕易嘗試，但我為了賺錢，還特別喜歡「不點交」的法拍屋，因為少了點交程序，風險較高，相對競爭的人少，價錢當然不容易被拉高，用最便宜底價買到的機會，就高多了。

　　做為一個投資客，本來就是遊走在風險和法律的邊緣，就算「合法」買賣一般房屋，也可能被課「奢侈稅」，

換個角度來看，這難道不算一種觸法？或許這也可以被視為一種炒房罰款。

　　但是如果能夠找到聰明的方法投資法拍屋，不管是取得之後進行修繕改建再轉賣，或是跟「海蟑螂」奮戰之後，用最少的代價取得成本最低的法拍屋，解決爭議後再合法賣出，還是能夠賺到大把鈔票，投資客的富貴險中求之路，利潤就是藏在魔鬼的細節裡，寧可膽大心細，分寸拿捏得宜，勇敢去克服法律和風險的問題，也不要錯過賺錢的良機！

「房市大聲公」
慶仔老師解讀房地產入市(影音)

房地產快樂賺錢團隊
學員成果見證(影音)

國家圖書館出版品預行編目(CIP)資料

勇政.用桿 : 房地產快樂賺錢術 : 銅板起家、房事
煉金實錄 / 慶仔作. -- 二版. -- 臺北市 : 智庫
雲端, 2018.07
　　面 ; 　公分
ISBN 978-986-95417-5-6(平裝)

1.不動產業 2.投資

554.89　　　　　　　　　　　　　　107008735

勇敢·用桿 房地產快樂賺錢術
銅板起家、房事煉金實錄

作　　　者：慶仔 Davis

出　　　版：智庫雲端有限公司
發 行 人：范世華
地　　　址：104 台北市中山區長安東路 2 段 67 號 4 樓
統一編號：53348851
電　　　話：02-25073316
傳　　　真：02-25073736
E‑mail　：tttk591@gmail.com

總 經 銷：采舍國際有限公司
地　　　址：235 新北市中和區中山路二段 366 巷 10 號 3 樓
電　　　話：02-82458786(代表號)
傳　　　真：02-82458718
網　　　址：http://www.silkbook.com

版　　　次：2014 年（民 103）8 月初版一刷
　　　　　　2021 年（民 110）2 月二版四刷
定　　　價：360 元

I S B N：978-986-95417-5-6

勇　敢、用　桿
房地產快樂賺錢術

勇 敢・用 桿
房地產快樂賺錢術